ÜBER DIESES BUCH:



Die vielbeschriebene Identitätskrise der Christen hat vielerlei Ursachen und Wurzeln. Opfer einer Geschichte geworden, die das christliche Geschehen an den Rand gedrängt und der Privatsphäre überantwortet hat, stehen sie zaghaft an einem Scheideweg. Sie können dieses Ergebnis der Geschichte annehmen und sich damit abfinden, indem sie das Christentum als reine Bewußtseinsangelegenheit ansehen. Oder sie können gegen diese »reduzierende« Interpretation des christlichen Geschehens angehen, indem sie das Christentum mit dem Gang der Geschichte gleichsetzen. Dieser Alternative, die entweder zur Verfälschung oder zur Verflüchtigung des Christentums führt, ist nach Ansicht Ruggieris nur zu entgehen durch eine Rückbesinnung auf den Ursprung des Christentums, das »früher« ist als die Geschichte und das »über« der Geschichte steht, weil es seinen Ursprung in der Weisheit Gottes hat. Weisheit und Geschichte sind die Verstehenshorizonte, vor denen der Weg des Christen verständlich und sinnvoll erscheint. Die Vermittlung zwischen beiden Horizonten leistet nach Ansicht Ruggieris die Kategorie des Gehorsams, der Ort hingegen, an dem diese Glaubensvermittlung geschieht, ist die christliche Gemeinde. Im Bemühen, zwischen Gottes Weisheit und der Geschichte eine für den Christen nachvollziehbare Sinnhaftigkeit aufzuzeigen, entwickelt Ruggieri eine bemerkenswerte »Methodologie« der christlichen Gemeinde, in der alle modernen Interpretationsmodelle der kirchlichen Situation kritisch berücksichtigt werden.

Giuseppe Ruggieri, geboren 1940, ist Professor für Fundamentaltheologie an der Theologischen Hochschule in Catania und lehrt zugleich Systematische Theologie an der Urbaniana Universität in Rom.

GIUSEPPE RUGGIERI

# Christliche Gemeinde und »Politische Theologie«

KÖSEL-VERLAG MÜNCHEN

ISBN 3-466-20162-4
Ins Deutsche übertragen von Josef Freitag. Titel der italienischen Originalausgabe: »Sapienza e storia. Per una ›teologia politica‹ della comunità cristiana«.

Gesamtherstellung: Graphische Werkstätten Kösel, Kempten.
Umschlagentwurf: Christel Aumann, München.

# ZUM GELEIT

1. Dieses Buch möchte ein wenig Klärung bringen. Es ist gedacht für alle Christen, die zur eigenen Identität zurückfinden wollen. »Opfer« einer Geschichte geworden, die das christliche Geschehen an den Rand gedrängt und der Privatsphäre überantwortet hat, stehen sie zaghaft am Scheideweg: Sie können dieses Ergebnis der Geschichte annehmen und sich damit abfinden, das Christentum als reine Bewußtseinsangelegenheit anzusehen; oder sie können gegen diese wahrscheinlich »reduzierende« Interpretation des christlichen Geschehens angehen, indem sie das Christentum einfach und schlechthin mit dem Gang der Geschichte gleichsetzen. Am Ende des ersten Weges steht offenkundig die Verfälschung des Christentums; der andere Weg endet mit seiner Verflüchtigung. Die vorgelegte Alternative ist daher zurückzuweisen.

Gibt es einen Ausweg? Der Verfasser führt die Christen zurück zu ihrem Ursprung, führt sie hin zur »Weisheit« (Gottes),[1] die sie als Menschen geschaffen und in die Welt gesandt hat. Auf diesem Weg können sie zu ihrer Identität zurückfinden und auch den authentischen Sinn ihrer Sendung für die Welt neu verstehen.

Es wird deutlich, daß die Identitätskrise ihre Wurzeln in einer Ursprungsvergessenheit hat. Der Autor denkt dabei nicht so sehr an den oft genannten, aber vielleicht recht willkürlichen, im Kern jedoch moralistischen Sinn, daß nämlich die Christen von heute nicht mehr die »erste Liebe« hätten, jene des Anfangs und des Ursprungs (vgl. Offb 2, 4). Dieses Buch ist alles andere als moralistisch. Es geht vielmehr um den — genau formuliert — ontologischen Sinn des Ursprungs des Christentums: Dieser ist »eher« als die Geschichte (Joh 8, 58), steht »über« ihr (Joh 3). Vergißt man das, so bleibt nur die alles verschlingende Geschichte. Sie verleibt sich auch das Christentum ein, reduziert es und erniedrigt es unabwendbar zu einem Produkt der Geschichte, wie immer man es nun deuten mag. Die Umklammerung durch die Geschichte ist nicht mehr aufzusprengen. Erkennt man dem Christentum hingegen seinen Ursprung, d. h. seinen »Vor-sprung« (der freilich nicht chronologisch zu verstehen ist!) gegenüber der Geschichte zu, dann muß man in logischer Folge auch zugestehen, daß

[1] Der Verfasser des Geleitworts spielt hier auf den Originaltitel der italienischen Fassung an, die in wörtlicher Übersetzung lautet: Weisheit und Geschichte. Für eine »politische Theologie« der christlichen Gemeinde.

das Christentum die Geschichte formen und bestimmen kann. Jedenfalls kann man es dann nicht mehr auf Geschichte allein zurückführen. »Weisheit und Geschichte« sind in diesem Buch daher als Horizonte zu verstehen, ja als die zwei Horizonte, die — jeder auf seine Weise — alles Wirkliche zur Einheit verbinden: der erste Horizont wird von Gott gegeben, den zweiten gibt sich der Mensch selbst.

2. Auf diesem Wege geht der Verfasser ein in der theologischen Literatur ständig wiederkehrendes Thema neu an, das die Fachtheologen mit dem Begriff der Apologie umschreiben. Trotz der notwendigen Vielfalt der Formulierungen und Perspektiven läßt sich das diesem Thema zugrundeliegende Problem im wesentlichen darauf zurückführen, die »richtige« Beziehung zu entdecken zwischen der Sicht und dem Horizont, den Gott den Glaubenden eröffnet, und jener Sicht oder jenem Horizont, den sich der Mensch »natürlicherweise« aufbaut, wenn sein kritischer Geist der erfahrenen Wirklichkeit gegenübersteht. Dieses Thema wurde von der früheren Theologie nicht immer angemessen erörtert: Oft hat man in banaler Weise simplifiziert und sich mit zu einfachen Lösungen zufriedengegeben, Lösungen, die heute als abgegriffen und wertlos, ja wie eine Last erscheinen. Aber das zugrundeliegende Problem besteht weiterhin und kann deswegen nicht übergangen werden.

Der Verfasser geht dieses Problem in seiner ganzen Schärfe an: Nur die Treue zur »Geschichte« einerseits und zur »Weisheit« andererseits kann die »richtige« Beziehung zwischen beiden Horizonten erkennen lassen. Methodisch gesehen ist der Verfasser — mehr oder weniger bewußt — ein treuer Schüler Blondels, jenem unverstandenen und daher unbeachteten Theoretiker moderner Apologetik.

Das hier erörterte Problem erscheint frei von Einflüssen subjektiv-verfälschender Überlagerungen, in seiner Objektivität als ontologisches, nicht als psychologisches Problem; dementsprechend verlangt es eine eindeutig objektive Abhandlung ohne Konzessionen an die Psychologie.

3. Die Abhandlung erfordert beim Leser ein wirkliches Mitdenken. Von hoher Präzision, duldet sie weder bei der Besprechung des Horizonts der Geschichte noch bei der Behandlung des Horizonts der Weisheit gedankliche Abschweifungen.

Die Ausführungen des Verfassers über den Horizont der Geschichte mögen »unvollständig« erscheinen, insofern er sich auf ganz bestimmte kulturelle Modelle bezieht. In einer Zeit, in der eine kulturelle Einheit nicht existiert und die davon ausgeht, daß eine solche, sollte es sie geben, als Frucht einer Ideologie anzusehen sei, die ferner das ontologische Problem, statt es einsichtig zu machen, nur verschleiert, dürfte dieser Eindruck nicht zu vermeiden sein. Unter solchen Umständen ist es geradezu geboten, sich auf die lebendigen und wirksamen kulturellen Modelle zu beziehen, denn eine andere Wahl ist nicht zu rechtfertigen. Die Auswahl bezieht sich ja gerade nicht auf anerkannte Maßstäbe, die in ihren Implikationen durchschaut und in ihrer inneren Relativität und letztlich in ihrer Aporie erkannt würden. Im Grunde kommen nur die anerkannten Grundprinzipien der Geschichtshermeneutik zum Tragen. Sie werden ohne Vorbehalte und Dogmatismen verwandt, indem sie ihrer Kohärenz nach verifiziert werden. Das so erzielte Ergebnis wird unvoreingenommen akzeptiert. Die frühere Theologie sah das Problem apologetisch; außerhalb ihrer ist es ontologisch zu nennen. Heute stellt es sich als das Problem der Geschichtshermeneutik. Um Hermeneutik allein muß es gehen; ihre »Prinzipien« und ihr Ausgangspunkt können unter Umständen als unzureichend erkannt werden.

In der Tat erscheint dem Verfasser der »Horizont der Geschichte« als etwas Künstliches, denn dieser steht mit den Prinzipien, die ihn definieren wollen, nicht in Einklang. Es bleibt so objektiver Raum für einen »anderen« Horizont.

4. Ebenso dicht, präzise, modern und wesentlich sind die Ausführungen über den Horizont der Weisheit.

Die Weisheit ist Jesus Christus. Dieser aber ist ein Mensch — »wahrer Gott und *wahrer Mensch*« sagen die christlichen Symbola. Deshalb wird der Horizont der Weisheit von der Geschichte Jesu Christi her erschlossen; dann aber auch von der Geschichte der Kirche her, die die Geschichte Jesu Christi fortsetzt. Der Horizont der Weisheit ist daher auch Horizont der Geschichte, aber einer Geschichte, die aus der Treue zum Tun Jesu, mithin aus dem Glauben, erwächst.

Mit anderen Worten: Die Weisheit offenbart nicht nur, sondern »vollbringt« die unerwartete und auch gar nicht erwartbare Möglichkeit der Geschichte. Das ist auch deshalb so schwer verständlich, weil die von der Geschichte betriebene Privatisierung der Kirche die Ideologisierung — und mithin die Verfälschung — ihrer Grundmerkmale mit sich gebracht hat. Zu diesen Grundmerkmalen gilt es in ihrer ganzen objektiven Dichte, jenseits aller reduzierenden Interpretation, wieder durchzustoßen. Verfälschende Hermeneutik muß in einem Wiedervernehmen von Gottes ureigenstem Wort korrigiert werden.

Unter solchen Perspektiven lassen sich die Ausführungen über die Kirche nicht aus den klassischen Traktaten der Ekklesiologie herleiten, sondern müssen den Eigencharakter »politischer Theologie« annehmen. Will man der Weisheit wirklich treu bleiben, so muß man Kirche bauen, nicht definieren, muß man die christliche Gemeinde konkret auf den Weg in ihre Zukunft führen.

5. Metz, aber auch Moltmann, Pannenberg und Schillebeeckx haben ähnliche Versuche unternommen wie der Verfasser. Dieser hat den Vorteil, nach jenen zu schreiben — in Italien ist er allerdings der erste. So kann er den sicher notwendigen Weg kritischer Abklärung einschlagen.

Seine Darlegungen wollen »vorläufig« sein. Mag dies bedeuten, daß er seine Ansichten für nicht ganz abgesichert und diskutierbar hält, so liegt darin doch kein Grund, ihn nicht anzuhören — im Gegenteil. In Zeiten des Suchens müssen Ergebnisse »vorläufig« sein, aber das Wissen um ihre Vorläufigkeit sichert ihren Wert. Das Suchen wird weitergehen; es wird hier nicht beansprucht, das »Endgültige« gesagt zu haben.

Wie immer der Verfasser seine Gedanken vorträgt, es haftet diesem Vortragen eine spezifische »Vorläufigkeit« an. Es geht ja um eine Wirklichkeit, die »kommen soll«. Nur für *heute* haben sie also ihren Wert. Tagtäglich müssen sie neu vollzogen werden, bis zum »letzten« der Tage.

*Giuseppe Colombo*

# VORWORT

1. Der Originaltitel dieses Buches, *Weisheit und Geschichte,*[1] will die Dialektik andeuten, auf die das Augenmerk gelenkt werden soll. Ein Weg soll gewiesen werden, der es erlaubt, die Geschichte je in ihrer Wahrheit zu interpretieren und im Sichereignen der je und ganz anderen Weisheit Gottes zum Heil zu führen. Im ersten Teil geht es um den einen Pol, nämlich die Geschichte; im zweiten Teil um den anderen Pol, die Weisheit. Die beiden Pole stehen jedoch nicht einfach beziehungslos nebeneinander; als die sie verbindende Nahtstelle wird die Vermittlung des Gehorsams aufgewiesen. Der dritte Teil will genau diese Vermittlung beschreiben: Im Gehorsam kann sich die Totalität des Heils ereignen, das Gott der Geschichte zugedacht hat. Deshalb sollen weder die Intellektuellen dieses Buch in der Absicht lesen, darin eine Rechtfertigung der List der Geschichte zu finden, noch soll es den Frommen dazu dienen, sich auf die nur scheinbar genügende Betrachtung der Weisheit Gottes zurückzuziehen. Der Christ ist nicht zuerst intelligent oder fromm, sondern ist vor allem derjenige, der Christus nachfolgt, der unsere Intelligenz und Frömmigkeit »neu« schafft. Deshalb ist auch der dritte Teil, auch wenn er der »vorläufigste« ist, der Schlüssel zu diesem Buch.
Wenn wir die Erwägungen zur Geschichte voranstellen, so soll das keineswegs heißen, daß die nachher besprochene Weisheit Gottes einfach eine Antwort auf die Geschichtsproblematik sei. Schon die Abfolge der Begriffe im Buchtitel der italienischen Fassung, *Weisheit und Geschichte,* sollte die Augen dafür öffnen, daß wir Geschichte im Rahmen der Logik der Weisheit Gottes deuten; es ist eine Auslegung, die der Glaube sich selbst und der Geschichte gibt, aber sie erfolgt doch im Vertrauen auf die göttliche Weisheit und in hingebender Treue zu ihr.
2. Der Untertitel lenkt den Blick auf die »politische Theologie« und deren Subjekt, die Gemeinde. Unter dem Stichwort »politische Theologie« wurde, vor allem durch das Werk von J. B. Metz, der Versuch zu einem theologischen Programm unternommen, das sich wesentlich von dem unterscheidet, was in den zwanziger Jahren mit dem gleichen Begriff bezeichnet wurde. Damals stand er in der Tat im Dienste der Ideologisierung und theologischen Rechtfertigung einer bestimmten

---

[1] Vgl. S. 5 Anm. 1.

gesellschaftlich-politischen Ordnung. Heute wird er zumeist verwendet, um eine Aufgabe zu benennen, die heute der Glaubensverantwortung und christlicher Hoffnung entspricht: »Politische Theologie« will einfach die eschatologische Botschaft so formulieren, daß sie, statt sich in den engen Maschen einer individualistischen Sicht der christlichen Erfahrung zu verfangen, in ihrer ganzen Relevanz und kritisch-befreienden Kraft gegenüber den Instanzen, Bewegungen und Strukturen erkannt wird, die Träger unserer Geschichte sind. Die neue »politische Theologie« will auch nicht — wie es bisweilen der Theologie der Revolution passieren kann — als ideologisch-christlicher Deckmantel für die revolutionären Bestrebungen besonders extremer Bewegungen verstanden werden. Sie will die in der eschatologischen Botschaft als solcher liegenden Werte herausstellen. Einer möglichen Verengung und formalistischen Fassung dieser Eschatologie hat Metz letzthin durch die Einführung der These von der »kritischen Erinnerung« vorgebeugt. Die kritisch-befreiende Kraft des Christentums entstammt nicht nur dem, was — nach seiner Verkündigung — zwar noch nicht erfüllt, aber doch als wahre Zukunft der Geschichte verheißen ist, sondern auch der Erinnerung an das, was schon geschehen ist, vor allem im Ereignis Jesu von Nazaret. So wird die Dimension der Tradition eingebracht. Doch wird sie angesichts der Gegenwart mit ihrem angemaßten Absolutheitsanspruch immer als Appell zum Aufbruch in ein Anderes verstanden.

Das Buch selbst wird aufzeigen, was uns mit einem solchen Programm verbindet: Das Verstehen der Geschichte als Ort der Verkündigung und Erfahrung. Die benutzten Modelle unterscheiden sich aber beträchtlich; anders ist auch die grundlegende Betonung der Typik der christlichen Vermittlung als Vermittlung durch Gehorsam.

Das Subjekt politischer Theologie ist die Gemeinde.

Für das vorliegende Buch gilt das in ganz besonderem Maße; es ist aus dem Versuch einer Antwort auf Bedürfnisse und Schwierigkeiten im konkreten Umgang mit Universitätsstudenten erwachsen. Daraus erklären sich einige Einseitigkeiten im Ausdruck. Andererseits war es schwierig, den Versuch zum Aufbrechen enger Horizonte zu unternehmen, ohne in die um ihrer selbst willen betriebene theologisch-wissenschaftliche Diskussion abzugleiten, die sich als solche leicht in Ideologie verwandelt. Wir glauben jedoch, daß die Theologie gerade in ihrer Funktion als Instrument der Gemeinde alles riskieren darf, ohne sich ihrer Wissenschaftlichkeit zu begeben, sie darf es, sofern sie nur dieser ihrer Funktion treu bleibt. Nur so, in der Eigentümlichkeit der Gemeinde, die sie trägt, kann sie wahre Theologie sein.

3. Es sei noch ein klärendes Wort zu der besonderen Sicht von Geschichte gesagt, von der wir ausgehen. Die heutige Problemlage wird vor allem in den Äußerungen aufgenommen, die sie in der Diskussion um die kritische (Gesellschafts-)Theorie und Wissenschaftstheorie erfährt. Die häufig wiederkehrenden Namen Adorno, Popper und Althusser machen noch deutlicher, worauf wir uns beziehen.

Warum gerade diese Wahl? Sie hängt mit unserer Sicht vom Geschick der Kritik zusammen, das diese in der Neuzeit erlitten hat. Kant wollte eine Erkenntniskritik betreiben, indem er Erkenntnis auf die Bedingungen ihrer Möglichkeit zurückführte und vom konkreten Erkenntnisvollzug absah. Hegel brachte diese Erkenntniskritik zu Fall, indem er sich darauf berief, daß es unmöglich sei, die Erkenntnis zu erkennen, bevor man erkannt habe. Hinter diese Position können wir nicht zurück; Kritik menschlichen Erkennens und Wissens ist also nur als kritische Selbstreflexion auf das Werden der Erkenntnis möglich. Damit war auch die angebliche Trennung in theoretische und praktische Vernunft widerlegt.

Da heute Erkenntnis vor allem im Bereich wissenschaftlichen Produzierens und gesellschaftlicher Praxis gewonnen wird, kann man das menschliche Bewußtsein und seine Inhalte nicht kritisch neu überdenken, ohne das wissenschaftliche und gesellschaftskritische Wissen unserer Zeit zu berücksichtigen. Das gilt auch dann, wenn sich der Glaube der Geschichte gegenübergestellt sieht, um ihr die Kraft der Gottesweisheit vor Augen zu führen.

Catania, im Juli 1971 *Giuseppe Ruggieri*

INHALTSVERZEICHNIS

# 1. DAS PROBLEM

Das vorliegende Buch will ein Problem lösen helfen, das keineswegs neu ist und schon häufig auf verschiedene Weise abgehandelt wurde: Es geht um das immer wiederkehrende Problem der Glaubensvermittlung durch die christliche Gemeinde.

Unter Glaubensvermittlung, die wir im folgenden als Vermittlung durch den Gehorsam bestimmen, verstehen wir jenes Sichereignen des Wortes Gottes, durch das dieses Wort Geschichte annimmt, sie erneuert und so durch sie auf etwas Größeres, auf die Verheißung eines sich ständig ausweitenden Geschehens verweist. Wer in der Glaubensvermittlung ein Problem sieht, gibt damit zu, daß Schwierigkeiten bestehen, die entweder in der Natur des Glaubens selbst liegen oder aus der besonderen historischen Situation herrühren, in der die Christen ihren Glauben verantwortlich zu leben aufgerufen sind.

Es empfiehlt sich deswegen, zunächst unsere heutige Situation genauer zu erörtern, um dann das Problem selbst in der Form zu präzisieren, in der es sich heute den Gläubigen stellt.[1]

## *1.1. Die Krise der Bedeutung*

Heute fordert uns nicht nur Martin Heidegger zum Schweigen über das Sein auf. Die neueren Humanwissenschaften, vom Strukturalismus bis zur Sprachphilosophie und von der Psychologie bis zur Soziologie, zeichnen sich durch eine kritische Grundhaltung aus, die sich strikt auf den unmittelbaren Sinngehalt des eigenen Forschungsgegenstandes konzentriert und sich keinen Illusionen darüber hingibt, wie schwer eine Bedeutung zu erheben ist, die über den wissenschaftlich exakt feststellbaren Sinn hinausgeht.[2] Die Krise der Bedeutung wiegt

---

1 Wir verzichten hier auf eine Rechtfertigung unseres Vorgehens in der Hoffnung, daß die Rechtfertigung aus der Analyse selbst hervorgeht, und zwar aus dem, was sie aufzeigen kann. Vor allem scheint es uns unzureichend, bei der »Säkularisierung« stehenzubleiben und sie als Schlüssel zu allen Problemen zu betrachten, die sich heute dem Glauben stellen. Vgl. die richtigen Beobachtungen von *E. Schillebeeckx,* Gott — Die Zukunft des Menschen, Mainz 1969, 142 ff.

2 Wir verwenden hier die Unterscheidung zwischen Sinn und Bedeutung in dem besonderen Verständnis, das Dilthey dem Begriff »Bedeutung« verlieh; in der Theologie W. Pannenbergs spielt er eine wichtige Rolle. »Bedeutung« meint hier die letzte Wahrheit der Geschichte, die nur von ihrer eigenen Ganzheit und folglich von der Vollendung der Geschichte her faßbar wird. Schon bei Dilthey hatte

um so schwerer, je zahlreicher die verschiedenen, modegebundenen Messiasgestalten und deren etwas naive Epigonen auftreten und sich als Entdecker und Künder eines gewissen christlichen Prophetismus gebärden. In dem, was über die Gewißheiten hinausgeht, die ein jeder in sich trägt, scheint sich gerade den Allerredlichsten Scheu und Zurückhaltung aufzudrängen. Beides wird um so notwendiger, als sich die Bedeutungskrise bei vielen nicht als Infragestellung der Gewißheiten, sondern als eine beginnende Sprachkrise zeigt. Es ist, als ob die letzte Bedeutung der Dinge unmerklich, aber unaufhaltsam ihre Aussagekraft verloren hätte; als ob sie die noch so verworrenen, aber im durchsichtigen Aufbau der Realität immerhin vernehmbaren Töne nicht mehr zu einen vermöchte. Wir stehen vor der Bedeutung der Wirklichkeit wie vor einem stummen Kind. Eltern, Freunde und Brüder haben nur das Beste im Sinn. Aber in der Öffentlichkeit gibt es sicher Schwierigkeiten; denn wenn dort Fremde von dem Kinde reden hören, ignorieren sie dessen Existenz oder drücken ihr Mitgefühl aus; aber sobald es ohne Gewissensbisse möglich ist, wenden sie ihre Aufmerksamkeit einer anderen Sache zu, die weniger heikel ist und sich ohne Erschütterungen in das eigene Leben integrieren läßt!

Woher kommt diese Krise? Liegt es an den schwachen Saiten des Instrumentes, der Bedeutung, oder geht sie zu Lasten der frechen Aufdringlichkeit vieler Jahrmarktschreier, die um jeden Preis ihren Sinn an den Mann bringen wollen? Einen Sinn, der mit klingender Münze erkauft ist und nach dem Schweiß der Forschung, minuziöser Analyse und exakter Planung riecht?

Als allererster ist der Glaube seines Unvermögens innegeworden, sich auszusprechen. In einer Welt, die von einer Krise des Heiligen und Religiösen noch weit entfernt war, überkam den Verfasser des Deuterojesaja angesichts des ohnmächtigen Schweigens des Gottesknechtes furchtbare Angst: »Er wurde mißhandelt, doch er beugte sich. Er öffnete nicht den Mund. Wie ein Lamm, das man zur Schlachtbank führt; wie ein Schaf vor dem Scherer verstummt, öffnet er den Mund nicht« (Jes 53, 7). Die damalige sozio-religiös einheitliche Welt war schon viel zu sinngesättigt, um diese neue und andere Stimme zu ver-

---

das die Relativität jeder jetzt behaupteten Bedeutung zur Folge. In unserer Terminologie würde das besagen, daß nur der »Sinn« zugänglich ist, d. h. die auf ein Teilstück der Geschichte beschränkte Einsicht, und zwar insoweit, als uns eine solche Einsicht durch die Anwendung wissenschaftlicher Methoden ermöglicht wird. Zum Begriff »Bedeutung« bei Dilthey vgl. *W. Pannenberg,* Glaube und Vernunft, in: *ders.,* Grundfragen systematischer Theologie, Göttingen 1967, 237—251, bes. 249.

stehen, die allein die Bedeutung dessen zur Sprache bringen konnte, der sein Leben hingibt für die Sünden des Volkes.
Uns erscheint das Problem noch komplexer. Wir stellen fest, daß es nicht nur den anderen anzulasten ist, wenn die Stimme des Gerechten in der Geschichte verhallt. Die sich mit dem Gerechten identifizierten und dabei als seine Freunde und Verwandten ausgaben, haben ihn oft genug verraten und seine Stimme verfälscht. Deswegen packt uns angesichts des schweigenden Gerechten nicht nur die Angst, sondern wir betrachten dieses Schweigen als ein notwendiges Schweigen, während wir darauf warten, die Fähigkeit zu einem angemessenen Sprechen wiederzufinden: »Es ist nicht unsere Sache, den Tag vorauszusagen — aber der Tag wird kommen —, an dem wieder Menschen berufen werden, das Wort Gottes so auszusprechen, daß sich die Welt darunter verändert und erneuert . . . Bis dahin wird die Sache der Christen eine stille und verborgene sein; aber es wird Menschen geben, die beten und das Gerechte tun und auf Gottes Zeit warten.«[3] Hinzuzufügen ist noch, daß Entdeckung und Aufbau des Sinnes der Wirklichkeit, die in der Neuzeit mit so viel Energie und Scharfsinn vorangetrieben worden sind, Einfluß auf den Anspruch der Bedeutung gehabt haben. Im Vergleich zum wissenschaftlich oder historisch erhebbaren Sinn ist die Bedeutung oft als ein schäbiger Vormund aufgefaßt worden, der die Unmündigkeit seines Mündels ausgenutzt und es um sein Erbe gebracht hat. Ohnmacht, Sinn für die Schuld und das Wissen um die Begrenztheit veranlassen uns zum Schweigen. Doch kaum sind wir uns der Verpflichtung zum Schweigen bewußt geworden, sehen wir schon, daß es kein echtes Schweigen ist. Denn auch das Schweigen spricht — wenn es das Schweigen einer Person ist: Man kann den anderen ihre Stimme nicht rauben. Man kann ihnen den Mund und sich die Ohren stopfen, ja, aber es gibt ein Da-sein, das auch im Schweigen spricht. Und wenn es sich, wie beim Glauben, um das Da-sein eines Jemand handelt, das wir uns nicht aus eigener Macht verschaffen können, sondern das uns geschenkt wird, dann stellt sich noch vor unserem Reden oder Schweigen die Frage nach unserem Hören. Hören beinhaltet Treue. Und diese Treue gibt uns zu verstehen, wann wir zu schweigen und wann wir laut und deutlich die Stimme zu erheben haben. Auf jeden Fall ist das Sprachproblem unmöglich von dem des Hörens zu trennen! »Ich glaubte, darum redete ich!« (2 Kor 4,13).

---

[3] *D. Bonhoeffer,* Widerstand und Ergebung, Briefe und Aufzeichnungen aus der Haft. Herausgegeben von E. Bethge, München 1970 (Neuausgabe), 328.

## 1.2. *Die Privatisierung der Kirche*

Die Krise der Bedeutung bleibt jedoch nur umrißhaft bestimmt, wenn sie nicht in ihren genauen gesellschaftlichen und historischen Kontext eingeordnet wird. Für uns ist das die europäisch-abendländische Welt (selbstverständlich müßten nähere Abgrenzungen erfolgen!). In bezug auf alle Institutionen, die eine Bedeutung weitertragen, die von einem für die bürgerliche Gesellschaft[4] unmittelbar wahrnehmbaren Sinngehalt unterschieden wird, wird sie von einem Privatisierungsprozeß bestimmt, der zwar seinen Höhepunkt noch nicht erreicht hat, aber die genannten Institutionen doch schon aus der bürgerlichen Gesellschaft herausgedrängt hat oder immer noch drängt, vor allem die Kirche! Wir verstehen den Begriff »bürgerliche Gesellschaft« in einem von Marx veränderten Sinn; er unterscheidet sich von dem Hegels und dem mancher marxistischer Denker. Wir verstehen darunter die Verhältnisse, die sich aus der Organisation der gesellschaftlichen Arbeit ergeben und zur Befriedigung der Bedürfnisse dienen. Die bürgerliche Gesellschaft ist also das System, das sich in einer bestimmten historischen Epoche aus den Produktivkräften (Naturschätze als Objekt der Arbeit; die materielle Ausrüstung und die Technologie; die [Natur-]Wissenschaft und ihre technische Anwendung; diejenigen, die sich bei ihrer Arbeit der Wissenschaft und ihrer technischen Anwendungen bedienen; die Arbeitsteilung, insofern sie die Produktivität erhöht) entwickelt, die nach bestimmten Produktionsverhältnissen eingesetzt werden und der Befriedigung solcher Bedürfnisse dienen, die der Mensch mit Hilfe der Teilung und Verteilung der Arbeit zu befriedigen imstande ist. Die bürgerliche Gesellschaft ist, wie Hegel in einem berühmt gewordenen Satz sagte, das »System der Bedürfnisse«.

Die bürgerliche Gesellschaft unterscheidet sich auf der einen Seite von der Privatsphäre und auf der anderen Seite vom Staat. Dieser

---

[4] Als Schlüssel zum Verständnis der Situation der Kirche in der gegenwärtigen Epoche übernehmen wir hier das marxsche Modell der »bürgerlichen Gesellschaft«. Wir wissen, daß uns dies Modell dazu zwingt, einigen Elementen ein größeres Gewicht zuzubilligen und andere zurücktreten zu lassen. Es ist klar, daß sich bei der Verwendung von Modellen des positiven Rechts oder einer von der marxschen verschiedenen soziologischen Konzeption für die Analyse andere, vielleicht auch substantielle Abweichungen ergäben. Zum marxschen Begriff der »bürgerlichen Gesellschaft« und zur Stellung dieses Begriffs innerhalb des Werdegangs des abendländischen politischen Bewußtseins vgl. *N. Bobbio,* Gramsci e la concezione della società civile, in: *P. Rossi* (Hsrg.), Gramsci e la cultura contemporanea, Rom 1969, 75—100.

dient der bürgerlichen Gesellschaft dazu, ihre inneren Verhältnisse und ihre Beziehungen nach außen zu ordnen. Der Aufbau dieser Ordnung verläuft parallel zu den Entwicklungsstufen der bürgerlichen Gesellschaft und wird daher vom Bewußtsein derjenigen Klasse gesteuert, die zum jeweiligen Zeitpunkt die Gestalt der bürgerlichen Gesellschaft entscheidend prägt.

In die Privatsphäre drängt die bürgerliche Gesellschaft nun diejenigen Phänomene und Institutionen, Beziehungen und Existenzweisen ab, die im jeweiligen Entwicklungsstadium durch Arbeitsteilung und Planung nicht zu befriedigen sind. Unter Privatsphäre verstehen wir nicht den individuell-personalen Lebensbereich, sondern einfach jenen Raum menschlicher Existenz und menschlicher Beziehungen, der nicht auf die Sphäre der bürgerlichen Gesellschaft, so wie wir sie verstehen, zurückgeführt werden kann.

Wir stehen also vor einer »Privatisierung« von Institutionen, Werten und Beziehungen, die bisher mit vollem Recht eine echt gesellschaftliche Rolle spielten.[5] Hat die Gesellschaft diese Werte, Institutionen und Beziehungen bewußt aus sich herausgedrängt, oder hat sie sich einfachhin von ihnen getrennt und sich ohne sie konstituiert? Der Endeffekt ist in beiden Fällen der gleiche: die (auf keinen Fall mit der Ablehnung, der Indifferenz oder der Ignoranz zu verwechselnde) Privatisierung jener Werte, Institutionen und Beziehungen.

Der Ausschluß aus dem gesellschaftlichen Bereich trifft in erster Linie die Kirche. Die Gleichsetzung von Kirche und Staat ist nebenbei bemerkt kein ursprüngliches Kennzeichen kirchlich-christlichen Lebens, sondern begegnet erst im vierten Jahrhundert, als das Christentum (religione cristiana) die heidnische Religion als Staatsreligion ablöste.[6]

Eine Antwort auf die Frage nach der Vermittlung des Glaubens der

---

[5] Wir legen hier dem Begriff »Privatisierung« einen vom metzschen Verständnis abweichenden Sinn bei. (*J. B. Metz,* Zur Theologie der Welt, Mainz-München [2]1969) Für Metz bezeichnet der Begriff nicht das von uns beschriebene Phänomen, sondern die Reduktion, die — als Effekt dieses Phänomens — das christliche Bewußtsein am Glauben vollzogen hat, indem es ihn auf private und persönliche Dinge beschränkte.

[6] Man versteht dann die positive Einschätzung der leninistischen These, Religion sei Privatsache, die bei manchen Theologen anzutreffen ist (auch wenn unserer Meinung nach ihr eigentlicher Sinn nicht verstanden wird), wie: *H. R. Schlette,* Religion ist Privatsache, in: Orientierung 33 (1969) 17—20. Für eine Analyse der kirchlichen Situation heute kann man nutzbringend heranziehen *J. Moltmann,* Theologie der Hoffnung, München [8]1969, 280—312, auch wenn das Buch in hegelscher Perspektive orientiert ist. Auch einige andere Anstöße auf den folgenden Seiten verdanken wir diesem Autor.

christlichen Gemeinde in der Geschichte geben zu wollen, bedeutet zunächst, die Situation der Kirche in bezug auf die bürgerliche Gesellschaft zur Kenntnis zu nehmen und von dieser besonderen Problematik auszugehen, die durch die Privatisierung der Kirche gekennzeichnet ist.

Wer das Verhältnis Kirche—Welt in anderer Perspektive begreifen wollte (z. B. als Verhältnis von Natur und Übernatur oder auch nur als Verhältnis von Humangeschichte und Heilsgeschichte oder analog dazu) und von diesem faktischen Zustand absähe, liefe Gefahr, abstrakt zu bleiben.

Das Problem stellt sich also in folgender Form: *Ist die Kirche, trotz der Privatisierung, die ihre gegenwärtige Lage charakterisiert, und die, falls sie noch nicht gänzlich erfolgt ist, doch immer weiter um sich greift, imstande, die Bedeutung der Geschichte zu verkünden, die sie in gläubigem Hören vernommen hat? Ist die Kirche in der Lage, ihre eigene Hoffnung, die nicht eine private, sondern eine allumfassende und universale Botschaft ist, der bürgerlichen Gesellschaft, aus der sie doch hinausgedrängt ist, in relevanter Weise zu bezeugen?* Mithin: Wie kann die »privatisierte« Kirche eine Hoffnung, die nicht nur die Hoffnung einiger weniger, sondern die Hoffnung aller Dinge und aller Menschen ist, echt wirksam werden lassen? Wie kann die Kirche, ohne der Versuchung eines verzweifelten Sprunges zurück in die Vergangenheit[7] zu erliegen, noch Jesus Christus verkünden, der nicht nur Herr der Kirche, sondern der Herr aller Welt ist?

Bleibt die Gesellschaft nicht »draußen«, außerhalb des Glaubens, der dadurch gesellschaftlich irrelevant wird? Und wenn man sich einmal klarmacht, daß die Geschichte, wenn nicht ausschließlich, so doch grundlegend von der Entwicklung der bürgerlichen Gesellschaft, durch die Wirtschaftsstruktur und das besondere Gleichgewicht zwischen Produktivkräften und Produktionsverhältnissen bedingt wird, drängt sich dann nicht die Schlußfolgerung auf, daß ein »gesellschaftlich« irrelevanter Glaube auch »geschichtlich« irrelevant wird?

Um uns Dichte und Komplexität des Problems noch deutlicher vor Augen zu führen, müssen wir zudem noch die besondere Problematik in Betracht ziehen, die heute aus den tatsächlich bestehenden Beziehungen zwischen Privatsphäre und bürgerlicher Gesellschaft resultiert.

---

[7] *D. Bonhoeffer,* Widerstand und Ergebung, 393: »der salto mortale zurück ins Mittelalter«. Übrigens ist nicht schwer zu beweisen, daß die gegenwärtige Situation der Kirche zuträglicher oder wenigstens nicht weniger zuträglich ist als die der Vergangenheit.

*1.2.1. Die Problematik der bürgerlichen Gesellschaft*

In bezug auf die Dialektik zwischen bürgerlicher Gesellschaft und Privatsphäre verspürt unser zeitgeschichtliches Bewußtsein vor allem zwei Probleme: Das erste ist an den Prozeß der Verdinglichung menschlichen Tuns gebunden, der sich in den organisierten gesellschaftlichen Beziehungen und der daraus folgenden Dissoziation und Entfremdung vollzieht.

Unter Verdinglichung versteht man jene Erscheinung, durch die das Produkt menschlichen Tuns und Arbeitens statt Produkt zu bleiben, eine solche Eigenständigkeit und Bedeutung erlangt, daß es bei der Organisation der Existenzverhältnisse, statt dem freien Tun des Menschen unterworfen zu bleiben, sich dagegen verselbständigt und eine Eigengesetzlichkeit gewinnt, die ihrerseits das menschliche Tun, das das Produkt hervorgebracht hat, bedingt und bestimmt.[8]

Das System gewinnt unabhängig von der menschlichen Arbeit, die es geschaffen hat, eine eigene Selbständigkeit und unterwirft sich den Menschen, der sich so um die Frucht seiner eigenen Hände Arbeit gebracht sieht. Hunger, Ausbeutung und Freiheitsberaubung haben ihre tiefsten Wurzeln in diesem Verdinglichungsprozeß.

Das zweite an die Dialektik zwischen bürgerlicher Gesellschaft und Privatsphäre gebundene Problem ist das der Instrumentalisierung der Vernunft.[9]

Die bürgerliche Gesellschaft basiert heute auf einer möglichst weitgehenden Rationalisierung des Systems (Weber). Unter Rationalisierung im Sinne Webers versteht man zunächst »die Ausdehnung der gesellschaftlichen Bereiche, die Maßstäben rationaler Entscheidung unterworfen werden. Dem entspricht die Industrialisierung gesellschaftlicher Arbeit mit der Folge, daß Maßstäbe instrumentalen Handelns auch in andere Lebensbereiche eindringen.«[10]

Diese Rationalisierung ist an einen bestimmten Vernunftbegriff gebunden. Nach ihm erstreckt sich deren Geltungsbereich so weit, wie Vernunft in Operationen umgesetzt werden kann, die zu einem effizienteren Funktionieren der bürgerlichen Gesellschaft beitragen. Man beachte, daß die bürgerliche Gesellschaft eine anders verstan-

---

[8] Vgl. Marx' Beschreibung des Fetischcharakters der Ware im 1. Buch des Kapitals, 1. Abschnitt, 1. Kapitel, § 4: »Es ist nur das bestimmte gesellschaftliche Verhältnis der Menschen selbst, welches hier (indem die menschliche Arbeit Warencharakter gewinnt; d. Verf.) für sie die phantasmagorische Form eines Verhältnisses von Dingen annimmt.« (*Marx/Engels,* Werke, Bd. 23, Berlin 1969, 86).

[9] Vgl. *M. Horkheimer,* Zur Kritik der instrumentalen Vernunft, Frankfurt 1967.

[10] *J. Habermas,* Technik und Wissenschaft als Ideologie, Frankfurt [3]1970, 48.

dene Vernunft in ihrer Geltung nicht verneint. Um zu dem zurückzukommen, was wir über die Krise der Bedeutung sagten, können wir hinzufügen, daß auch die Bedeutung als solche von der bürgerlichen Gesellschaft nicht ausdrücklich negiert wird. Eine Bedeutung, die den unmittelbaren Sinngehalt des gesellschaftlichen Tuns überschreitet, oder eine anders als instrumentell verstandene Vernunft werden als für andere Bereiche der menschlichen Existenz mögliche zugelassen und deswegen nur in bezug auf den Geltungsbereich der bürgerlichen Gesellschaft ignoriert. Diese betrachtet die Vernunft ausschließlich im Hinblick auf nutzbringende oder notwendige Operationen, die diese Vernunft durchzuführen erlaubt.

Diese Situation brauchte in sich betrachtet nicht als dramatisch angesehen zu werden. Sie wird aber dramatisch in dem Maße, in dem die bürgerliche Gesellschaft, obgleich nicht offen oder prinzipiell, so doch de facto dahin tendiert, zum umfassenden und ausschließlichen menschlichen Erfahrungsbereich zu werden. Wenn die bürgerliche Gesellschaft selbst tatsächlich nicht vorhat, die Privatsphäre vollständig zu negieren, so erhebt die Wirtschaftsstruktur mit ihren sogenannten »immanenten« Entwicklungsgesetzlichkeiten den Anspruch, der Geschichte den Entwicklungskanon zu liefern. Diese Eigenschaft der bürgerlichen Gesellschaft, uneingeschränkt alles zu umfassen und einzubeziehen, sollte nicht unterschätzt werden. Dieser Anspruch bildet vielmehr eine echte Möglichkeit des Systems. Hier liegt die Dramatik der von der bürgerlichen Gesellschaft und ihrer tatsächlichen Verabsolutierung aufgeworfenen Probleme. Jetzt wird auch klar, wieso Adorno, auf den Spuren Hegels, dieses uneingeschränkte Allesumfassen, oder besser die »Totalität«, als eine Kategorie begreifen kann, die dieses Verhältnis von Geschichte und Gesellschaft ganz offensichtlich macht! Die Totalität ist kein Faktum, sondern das, wozu die Interpretation der Fakten gelangt. »Nichts sozial Faktisches, das nicht seinen Stellenwert in jener Totalität hätte. ... Insofern ist sie das Allerwirklichste. Weil sie aber der Inbegriff des gesellschaftlichen Verhältnisses der Individuen untereinander ist, das gegen die einzelnen sich abblendet, ist sie zugleich auch Schein, Ideologie. Eine befreite Menschheit wäre länger nicht Totalität.«[11] Die Totalität drückt also die für das System, das aus der gesellschaftlichen Arbeitsteilung und dem Warenaustausch hervorgegangen ist, reale Möglichkeit aus, sich das Individuum zu unterwerfen und

---

[11] *Th. W. Adorno,* Einleitung, in: *Th. W. Adorno/H. Albert/R. Dahrendorf/J. Habermas/H. Pilot/K. R. Popper,* Der Positivismus in der deutschen Soziologie, Neuwied-Berlin 1970, 19.

sich als die entscheidende Determinante der Geschichte zu konstituieren. Deswegen ist die Totalität keine affirmative, sondern eine kritische Kategorie. Die Totalität ist »die Gesellschaft als Ding an sich, mit aller Schuld von Verdinglichung«.[12]
Diese Totalisierungskraft der bürgerlichen Gesellschaft verdanken wir dem Eindruck der Erfolglosigkeit jeglichen Versuches — auch von seiten der Kirche —, unabhängig von der bürgerlichen Gesellschaft den Gang der menschlichen Geschichte zu beeinflussen.

*1.2.2. Reaktionen der »Privatsphäre«*

Welchen Abwehrreaktionen gegenüber dieser tatsächlichen Unterordnung der Menschen unter das System, durch die die »Privatsphäre« auch ihrer historischen Möglichkeiten beraubt wird, begegnen wir in der Geschichte?
Wenn wir sie nicht aufgrund ihres konkreten Inhalts, sondern ihrer *formalen* Haltung zu gruppieren versuchen, so können wir zwei verschiedene Reaktionstypen feststellen, die wir anhand ihres Vernunftbegriffes, an der Art und Weise, wie von beiden das Theorie-Praxis-Verhältnis bestimmt wird, unterscheiden können.
Eine erste Reaktionsgruppe sammelt sich um die Grundaussage, daß es gegenüber der wachsenden Versklavung, der der Mensch durch das System zum Opfer fällt, einen Weg zu finden gelte, sich kritisch und autonom der eigenen Vernunft zu bedienen.[13] Dieser kritische und unabhängige Gebrauch der eigenen Vernunft, zu dem alle »privaten« Kräfte erziehen müßten, die sich gegenüber der Systemtotalität einen Spielraum eigener Freiheit bewahrten, werde auf die Dauer die angenommene, absolute Geltung des Systems ins Wanken bringen. Diese Einstellung mündet häufig in Initiativen zur »Bewußtseinsbildung«: Zunächst muß man sich diese kritische und unabhängige Haltung aneignen, denn sie ist die notwendige Voraussetzung dafür, eine neue Position innerhalb des Systems einzunehmen und es wirklich zu verändern.
Die Voraussetzung dieser Haltung besteht in der Überzeugung, die Totalität lasse dem Subjekt noch einen Handlungsspielraum, und die-

---

[12] Ebd. 19. Für eine kritische Wertung des Totalitätsbegriffs bei Adorno vgl. *W. Oelmüller,* in: *J. B. Metz/J. Moltmann/W. Oelmüller,* Kirche im Prozeß der Aufklärung, Mainz-München 1970, 102—116.

[13] Vgl. das außerordentlich interessante, programmatische Manifest I. Kants: Beantwortung der Frage: Was ist Aufklärung, in: *Kant,* Werke, Bd. 9, Darmstadt 1968, 53—61. Was Kant hier als die erneuernde Haltung der Aufklärung charakterisiert, bildet faktisch die Grundlage vieler gegenwärtiger »kritischer Theorien« der Gesellschaft.

ses schaffe dann aus der verdinglichten und verdinglichenden Totalität mit Hilfe eines unendlichen Prozesses kritischer Negation den Ort eigener Freiheit.
Die zweite Reaktionsgruppe ist der Grundüberzeugung, ein Umsturz der gesellschaftlichen Zustände sei nur durch eine Veränderung der Produktionsverhältnisse möglich; denn genau hier liege der letzte Wurzelgrund jeden gesellschaftlichen Prozesses. Dementsprechend vermag nur die revolutionäre Praxis (in der Vielfalt der Methoden und Strategien, die die verschiedenen Bewegungen entwickelt haben) innerhalb des Systems den freien Gebrauch der eigenen Vernunft zu bestimmen, den Triumph der Freiheit und der Würde der menschlichen Person. Da nun die bürgerliche Gesellschaft, insofern sie auf Selbsterhaltung bedacht ist, dieser Veränderung zu entgehen trachtet, bedarf es notwendig einer organisierten Avantgarde, am besten der Partei,[14] die darauf hinarbeitet, die Strukturverhältnisse zu verändern und die Aktion der Massen aus bloßer Reaktion zu einem Wissen um kollektive und bewußte Aktion zu führen.
Wir können uns hier nicht in die Diskussion der Revolutionsproblematik einschalten: die Möglichkeit eines tatsächlichen Erfolges der kritischen Grundhaltung, die auf eine Bewußtseinsbildung der Gesellschaft abzielt; die Fähigkeit des Systems, revolutionäre Bestrebungen zu integrieren; die Beziehungen zwischen Avantgarde und Masse usw.
Halten wir nur fest, daß sich sowohl die erste wie auch die zweite Grundhaltung, ob sie sich als Alternative zu dem menschlich und historisch entwickelten Entwurf der bürgerlichen Gesellschaft verstehen oder ob sie aus dem Privatbereich hervorgegangen sind, gleichwohl innerhalb desselben umfassenden Horizontes der Wirklichkeitswahrnehmung stehen, wie er unserer heutigen bürgerlichen Gesellschaft eignet. Die Befreiung des Menschen, nach der die genannten Haltungen suchen, ist immer und prinzipiell auf die von Menschen »gemachte« Geschichte rückführbar. Die Suche nach einer Bedeu-

---

[14] A. Gramsci hat in unanfechtbarer Breite und Originalität eine ganze Konzeption der Partei als eines modernen intellektuell-kollektiven Prinzips entwickelt, das durch seine Führungsbeziehung (zu unterscheiden von der Zwangsgewalt der politischen Macht) zu den Massen deren Übergang aus untergeordneten Klassen zur freien Gruppe und zum Subjekt der Revolution, und vom quantitativ bedingenden Potential wirtschaftlicher Basis zur Phase der Freiheit und des Willens erlaubt. Vgl. vor allem: *A. Gramsci,* Note sul Machiavelli, Turin [6]1966; *ders.,* Il Materialismo storico e la filosofia di B. Croce, Turin [8]1966. Neueres zum Parteibegriff Gramscis: *L. Paggi,* Antonio Gramsci e il moderno principe I, Rom 1970; *G. Nardone,* Il pensiero di Gramsci, Bari 1971, 67—94.

tung, die der Geschichte »gegeben« und nicht etwa schon von ihr selbst geschaffen ist, wird heute mit dem Anspruch des neuzeitlichen Menschen für unvereinbar gehalten, sich bei seinen Bemühungen auf ein Fundament zu stützen, das zu legen in seiner Macht steht. Das gilt auch dann noch, wenn die Perspektive einer anderen Erlösung ihre ganze Sehnsucht und ihre Macht, ein wirklich neues Heil hervorzurufen, verspüren läßt.[15]

### *1.2.3. Reaktionen der bürgerlichen Gesellschaft*

Gegenüber der möglichen, im Privatbereich beschlossenen Aggressivität reagiert die bürgerliche Gesellschaft mit verschiedenen Methoden, die alle auf die Erhaltung der jeweiligen Produktionsverhältnisse, und das heißt der Macht, ausgerichtet sind.

Eine erste Methode verlangt von der Privatsphäre die Erfüllung derjenigen Ansprüche, die durch Arbeitsorganisation und Konsum nicht zu erfüllen sind. Diese Ansprüche unberücksichtigt zu lassen könnte nämlich für den Bestand der bürgerlichen Gesellschaft und ihrer jeweiligen Organisationsformen außerordentlich gefährlich werden. Zu den Hauptansprüchen, die — wenigstens in der gegenwärtigen Entwicklungsphase der bürgerlichen Gesellschaft — außerhalb ihrer befriedigt werden müssen, zählen: der Kult der Subjektivität und Innerlichkeit; unterschiedliche zwischenmenschliche Beziehungen, die nicht allein auf der Organisation der abstrakt gesellschaftlichen Arbeit[16], sondern auf den persönlichen Fähigkeiten und dem Empfindungsreichtum (der einzelnen) beruhen und so der Komplexität der menschlichen Psyche und des menschlichen Geistes besser entsprechen; die Befriedigung einer Forderung nach Sicherheit, die über das hinausgeht, was eine voll realisierte soziale Sicherheit leisten kann — eine Forderung, die an das geheimnisvolle Bedürfnis der menschlichen Person gebunden ist, sich auf etwas Größeres zu beziehen.

Die Kirche, die privaten Gruppen und Familien bilden also die leichter und eher verfügbaren Adressaten dieses gesellschaftlichen Auftrags zur Befriedigung derjenigen Bedürfnisse, für deren Erfüllung die Gesellschaft, wenn sie sie schon nicht selbst erfüllen kann,

---

15 *Th. W. Adorno,* Minima Moralia, Frankfurt 1951, 333 f.

16 Marx hat geahnt, daß die Gesellschaft sich für den spezifischen Charakter menschlicher Arbeit, für ihr Produkt, insofern es einen Gebrauchswert besitzt, nicht sonderlich interessiere, sondern einzig am Tauschwert dieser menschlichen Arbeit interessiert sei; dieser wird so von ihrem spezifischen Charakter »abstrahiert«, die Arbeit wird so »abstrakt«. Vgl. *J. Y. Calvez,* La pensée de Karl Marx, Paris 1956, 294—311.

jedenfalls Sorge tragen muß; es geht dabei um ihren eigenen Bestand! Man beachte, daß wir hier nicht behaupten, diese Bedürfnisse seien von der bürgerlichen Gesellschaft geschaffen worden, auch wenn diese sie sicherlich mäßigen oder im Gegenteil verschärfen kann. Wir behaupten aber, daß ihre Befriedigung, sofern sie dem System aufgetragen ist, sich in der Privatsphäre im »gesellschaftlich selbstverständlichen«[17] Rahmen vollziehen muß.

Eine zweite Reaktionsweise der bürgerlichen Gesellschaft zielt auf eine progressive Absorbierung des Privatbereiches ab. Auch bei »gesellschaftlich selbstverständlicher« Art, Ansprüche zu befriedigen, tendiert die Privatsphäre ganz unvermeidlich dahin, im Hinblick auf die bürgerliche Gesellschaft aggressiv und kritisch zu werden. Diese reagiert darauf in dem ihr möglichen Maße, indem sie die Mittel zur Befriedigung geistiger, persönlicher und gemeinschaftlicher Ansprüche in gesellschaftliche Konsumgüter transformiert, um diese Ansprüche durch Organisation und Verteilung der abstrakt gesellschaftlichen Arbeit zu befriedigen. Man denke nur an die von Marcuse beschriebene Technik der repressiven Entsublimierung.[18]

Schließlich gibt es noch eine dritte Möglichkeit, von seiten der bürgerlichen Gesellschaft auf die latente Gefahr zu reagieren, die von der bloßen Existenz der Privatsphäre ausgeht. Was der bürgerlichen Gesellschaft entweder prinzipiell, weil es ihrer eigenen Strukturierung zuwiderläuft, oder faktisch nicht zu absorbieren gelingt, weil das System zum gegebenen Zeitpunkt erst einen ungenügenden Grad an Gerissenheit und Integrationskraft erreicht hat, wird tendenziell durch einen subtilen Klimatisierungs- und Erziehungs- (oder Verziehungs-) prozeß, der darauf angelegt ist, die Relevanz der bürgerlichen Gesellschaft über die Maßen zu steigern, immer irrelevanter.

## *1.3. Die Krise der Sinnsuche*

Bis jetzt haben wir versucht, die Krise der Bedeutung im soziopolitischen Kontext der für unsere Industriegesellschaft typischen Unterteilung in bürgerliche Gesellschaft, Staat und Privatsphäre[19] zu sehen.

---

17 *J. Moltmann,* Theologie der Hoffnung, München $^{8}$1969, 298.

18 *H. Marcuse,* Der eindimensionale Mensch, Neuwied-Berlin $^{3}$1967, 76—102.

19 Man beachte, daß wir eine Wertung der Unterscheidung von Gesellschaft, Staat und Privatsphäre vermieden haben. Wir haben sie nur zur Kenntnis genommen. Nicht sehr überzeugend scheint uns die Beurteilung von *Metz* zu sein,

Unsere Situationsanalyse bliebe allerdings wesentlich unvollständig, versuchten wir nicht, das Problem in einer anderen Tiefenschicht anzugehen. Zur genaueren Erfassung der ganzen Problemlage müssen wir uns bemühen, auch den Leitgedanken zu verstehen, der das abendländische Bewußtsein in redlicher Unbeirrbarkeit dazu führte — und immer noch führt —, sich an die Sinnsuche zu halten. Dieser Leitgedanke ist wie die Bedeutung des Sinnes das, was man eigentlich und letztlich anstrebt. Gerade er müßte durch Suche und Aufbau des Sinnes verwirklicht werden und gerade deswegen nötigt er den Menschen dazu, sich nicht in etwas vom Sinn Verschiedenes zu verlieren. Adorno drückt das so aus: »Selbst seine eigene Unmöglichkeit muß er (der moderne Gedanke) noch begreifen um der Möglichkeit willen.«[20]

### *1.3.1. Die Entdeckung der Geschichte*

Vielleicht könnte man Vico die Entdeckung der Dimension der Geschichte zuschreiben. Das gilt zumindest insoweit, als Vico begriffen

---

der in der Unterscheidung von Staat und Gesellschaft eine Möglichkeit für einen geeigneten Ansatz der politisch-theologischen Hermeneutik sieht: »Politische Theologie« in der Diskussion, in: *H. Peukert* (Hrsg.), Diskussion zur politischen Theologie, Mainz-München 1969, 274—79. Die Unterscheidung, so wie Metz sie anwendet, erscheint uns wenig konsequent und eher zur Beschreibung der »bürgerlichen« Sicht der Beziehungen zwischen Staat und Gesellschaft geeignet.

20 Der vollständige Kontext der übrigens vielzitierten Stelle lautet: *»Zum Ende.* — Philosophie, wie sie im Angesicht der Verzweiflung einzig noch zu verantworten ist, wäre der Versuch, alle Dinge so zu betrachten, wie sie vom Standpunkt der Erlösung aus sich darstellten. Erkenntnis hat kein Licht, als das von der Erlösung her auf die Welt scheint: alles andere erschöpft sich in der Nachkonstruktion und bleibt ein Stück Technik. Perspektiven müßten hergestellt werden, in denen die Welt ähnlich sich versetzt, verfremdet, ihre Risse und Schründe offenbart, wie sie einmal als bedürftig und entstellt im messianischen Lichte daliegen wird. Ohne Willkür und Gewalt, ganz aus der Fühlung mit den Gegenständen heraus solche Perspektive zu gewinnen, darauf allein kommt es dem Denken an. Es ist das Allereinfachste, weil der Zustand unabweisbar nach solcher Erkenntnis ruft, ja weil die vollendete Negativität, einmal ganz ins Auge gefaßt, zur Spiegelschrift ihres Gegenteils zusammenschließt. Aber es ist auch das ganz Unmögliche, weil es einen Standort voraussetzt, der dem Bannkreis des Daseins, wäre es auch nur um ein Winziges, entrückt ist, während doch jede mögliche Erkenntnis nicht bloß dem, was ist, erst abgetrotzt werden muß, um verbindlich zu geraten, sondern eben darum selber auch mit der gleichen Entstelltheit und Bedürftigkeit geschlagen ist, der sie zu entrinnen vorhat. Je leidenschaftlicher der Gedanke gegen sein Bedingtsein sich abdichtet um des Unbedingten willen, um so bewußtloser, und damit verhängnisvoller, fällt er der Welt zu. Selbst seine eigene Unmöglichkeit muß er noch begreifen um der Möglichkeit willen. Gegenüber der Forderung, die damit an ihn ergeht, ist aber die Frage nach der Wirklichkeit oder Unwirklichkeit der Erlösung selber fast gleichgültig.« (*Th. W. Adorno,* Minima Moralia, 333 f.)

hat, daß nicht der Horizont eines metaphysisch versuchten Zugangs zur Natur des Menschen, sondern allein der Horizont der Geschichte, des »factum« (fatto) — der einzige, den der Mensch erkennen kann — der Horizont ist, der den Menschen definiert. In Vicos *Scienza Nuova* ist schon die Einstellung des modernen Menschen vorgebildet, der sich nur um die Erkenntnis seiner eigenen Geschichte kümmert und das Erkennen der Dinge, die er nicht selbst herstellt und die deshalb seiner Verantwortung entzogen sind, für unmöglich, wenigstens aber für unfruchtbar hält.

Bei Vico liegt aber noch kein konstitutiver (Um-)Bruch[21] vor, der zu einem neuen Verständnis des Menschen führt. Sein (Um-)Bruch vollzieht sich noch innerhalb eines bestimmten Horizontes. Es handelt sich bei ihm aber eher um die Ausformung eines Wendepunktes, in dem sich in der Folge ein (Um-)Bruch vollziehen wird. Aber es gilt noch einen schweren erkenntnistheoretischen Widerstand zu überwinden, damit es zu diesem (Um-)Bruch kommen kann[22]: der Mensch muß die Nabelschnur durchschneiden, die ihn an Gott bindet, und seinen Freiheitsentwurf unter das Vorzeichen der Autonomie setzen. Das leistet am allerdeutlichsten Kant, der nichts anderes tut, als das Bewußtsein der Aufklärung auszusprechen und zu seiner Vollendung zu führen.

Deswegen findet sich nun der Mensch von zwei Instanzen definiert, die die Grundlage seines Selbstverständnisses bilden: *Freiheit als Autonomie,* als Überwindung des »Unvermögens, sich seines Verstandes ohne die Leitung eines anderen zu bedienen«[23], und *Geschichte als Werk menschlichen Tuns.*

---

[21] Unter konstitutivem oder erkenntnistheoretischem (Um-)Bruch (rottura costitutrice oder rottura epistemologica) verstehen wir den Punkt eines »Nicht-mehr-zurück«; von da ab liegt nicht ein Wende- oder Verbindungspunkt vor, d. h. ein Bestimmtwerden einer Vielzahl von Faktoren, die den Übergang zu einer neuen Perspektive nahelegen, sondern es greift ein Faktor ein, der sich nachher als der entscheidende herausstellt. Vgl. *M. Fichant/M. Pécheux,* Sur l'histoire des sciences, Paris 1969, 8—12. Daß der Atheismus, der bei Kant nur in seiner theoretischen Form vorliegt, für den Zielpunkt gehalten werden muß, in dem sich die Komponenten des modernen Denkens zusammenfinden können, scheint uns *A. Del Noce,* Il problema dell' ateismo, Bologna 1964, hinreichend bewiesen zu haben.

[22] Mit erkenntnistheoretischem Widerstand (ostacolo) meinen wir hier im Sinne Bachelards das Eingreifen der vergangenen Denkstruktur in dem Moment, in dem ein (Um-)Bruch droht, um den (Um-)Bruch nach Möglichkeit zu verhindern: vgl. *G. Canguilhem/D. Letourt,* L'epistemologia di Gaston Bachelard, Mailand 1969, 45 f.

[23] *I. Kant,* Werke, Bd. 9, 53.

In dem Moment, in dem das moderne Bewußtsein die Geschichte als autonomen Gang zur Freiheit hin entdeckt, stellt sich die Frage nach den Ursachen, die diesen Prozeß erschweren, verzögern oder ihm gar direkt entgegenwirken.

Die Aufklärung hatte die Problematik im wesentlichen in der Unwissenheit der Massen und im Interesse der Herrschenden, sie darin zu erhalten, gesehen.

Hegel tat einen Schritt nach vorn. Intuitiv erfaßte er, daß das Problem tiefere Wurzeln habe. Vor allem in seinen Jugendschriften sieht er deutlich, wie das Subjekt in der Gesellschaft entzweit lebt; es wird zerrissen angesichts seiner eigenen Tätigkeit, die seinen Händen entgleitet und sich in gesellschaftlich abstrakte Arbeit, mithin in allgemeines Tun verwandelt, dessen Wert sich von dem bestimmt, was die Arbeit für alle bedeutet, nicht von dem, was sie für den einzelnen ist.[24]

Für Hegel hindert also das Fehlen der Subjekt-Objekt-Einheit und der Versöhnung der menschlichen Beziehungen den Menschen daran, seine Wahrheit und Freiheit zu erreichen. Denn diese gibt es nur in der Integration in die Totalität, in das Absolute, das als letzte Wirklichkeit, in der sich die Widersprüche auflösen, begriffen wird.

Der zur Totalität führende Prozeß vollzieht sich für Hegel als Entwicklung des Geistes in der Dialektik der negativen Vernunft. Es ist der Begriff, der uns das Wesen eines Dinges klarmacht: der Begriff sagt uns, was die Sache an sich ist. »Aber während uns diese Wahrheit evident wird, wird es uns auch evident, daß die Dinge nicht in ihrer Wirklichkeit ›existieren‹. Ihre Möglichkeiten werden von den bestimmten Bedingungen eingeschränkt, unter denen die Dinge existieren. Diese gelangen nur dann zu ihrer Wahrheit, wenn sie ihre bestimmten Bedingungen negieren.«[25] Damit bleibt Hegel trotz seiner vorausgeahnten Lösungen der Gefangene der bürgerlich-aufklärerischen Anschauung. Die Geschichte ist wesentlich ein Prozeß der Erziehung zur Freiheit, bei der das Denken die Lage des Menschen zu verändern vermag. Mit anderen Worten: das Denken dringt — idealistisch — zur Wirklichkeit vor, um in einer unendlichen Selbstreproduktion nichts anderes zu bestätigen als das Denken selbst. Marx überwindet Hegel zunächst insofern, als er auf andere Art und Weise die Subjekt-Objekt-Kluft überwindet. Auch für Marx ist der Gedanke ein Produzieren, und das Vorgegebene ist, um einen im italienischen

---

[24] *G. W. F. Hegel,* Jenenser Realphilosophie I (Ed. Hoffmeister), Leipzig 1932, 237 ff.

[25] *H. Marcuse,* Vernunft und Revolution. Hegel und die Entstehung der Gesellschaftstheorie, Sonderausgabe Sammlung Luchterhand, Neuwied 1972, 67.

Idealismus mit Vorliebe verwendeten Begriff zu gebrauchen, ein »›Kon-kretes‹ (concreto), nämlich das Resultat eines Tuns, das *crescit e concrescit* [26], und nicht etwa Objekt, Sache. Hier wird, trotz aller Unterschiede, die erkenntnistheoretische Konzeption der heutigen Wissenschaften vorweggenommen, für die es nichts gibt als »das *Resultat* einer kritischen Objektivierung, einer Objektivität, die vom Objekt nur das bestehen läßt, was sie kritisch untersucht hat«; die Wissenschaft »findet über dem *Subjekt* jenseits des unmittelbaren *Objekts* ... ihr Fundament im *Entwurf*«.[27] Marx bleibt jedoch bei dieser Überwindung der Subjekt-Objekt-Kluft nicht stehen. Er vermeidet es nämlich, einem Begriff von Geist zu verfallen, der durch seine eigene Aktivität nur sich selbst reproduziert. Das gelingt ihm, insofern er dank der besonderen dialektischen Bestimmung seines Materialismus den *homo oeconomicus,* die Strukturbasis der Produktivkräfte und Produktionsverhältnisse, als die »Determinante in letzter Instanz«[28] der Totalität des menschlichen Prozesses ansetzt.
Zum zweiten — und vor allem — erhält der Begriff der Totalität bei Marx, im Unterschied zu Hegel, eine authentisch geschichtliche Dimension. Während für Hegel die Zeit als »daseiender Begriff« nur die Widerspiegelung des inneren Wesens der Geschichtstotalität ist, weswegen es eine wirkliche Totalität nur als bloßen Reflex (riflesso) der Kontinuität in der Entwicklung der Idee gibt; weswegen »das hegelsche Ganze einen solchen Typ von Einheit besitzt, daß jedes Element des Ganzen — ob es sich um eine materielle oder ökonomische Bestimmung, eine politische Institution, eine religiöse, künstlerische oder philosophische Gestalt handelt — niemals etwas anderes ist als das Beisichsein des Begriffs in einem bestimmten geschichtlichen Augenblick«[29], stellt die marxsche Totalität eine ganz andere Komplexität dar. Sie unterscheidet sich »ohne die Möglichkeit von Mißverständnissen von der Hegelschen Totalität: es ist eine Totalität, deren Einheit, *weit davon entfernt,* die ausdrückliche oder ›spirituelle‹ Einheit der Totalität eines Leibniz und eines Hegel zu sein, von einem gewissen Typ von Komplexität konstituiert wird: die Einheit eines strukturierten Ganzen; sie umfaßt Instanzen oder unterschiedene und

[26] *G. Gentile,* La filosofia di Marx, Florenz 1955, 84: wächst und zusammenwächst.

[27] *G. Canguilhem/D. Letourt,* L'epistemologia, 35.

[28] Zum Begriff der »Determinante in letzter Instanz«, angewandt auf die althussersche Terminologie, vgl. *L. Althusser,* Für Marx, Frankfurt 1968, 52—85. Der *homo oeconomicus* ist bei Marx auf seine *Anatomie* reduziert, die genau durch die Produktivkräfte und die Produktionsverhältnisse gegeben ist: ebd. 77.

[29] *L. Althusser,* Per un concetto di storia, in: Critica Marxista 4 (1966) 1, 114.

›relativ autonome‹ Ebenen, die in dieser strukturierten komplexen Einheit koexistieren; dabei überlagern sie sich gegenseitig nach verschiedenen Bestimmungen, die in letzter Instanz von der Ebene oder Instanz der Ökonomie bestimmt werden.«[30] Die Geschichte wird so auf die Aufgabe hinauslaufen, eine solche Versöhnung zwischen den verschiedenen Elementen der Wirklichkeit herbeizuführen, daß die jeweils erreichte Totalität den Sinn und die wechselseitigen Verbindungen der einzelnen Elemente in großem Umfange berücksichtigt. Nur in dieser Versöhnung, die den jeweiligen Sinn weitestgehend berücksichtigt, so wie er nach den Stufen und Abfolgen aufscheint, die Praxis und Produktion jedem Versuch entgegensetzen, einen bereits überwundenen Sinngehalt zu fixieren, kann die menschliche und gesellschaftliche Totalität den Triumph der Freiheit feiern. Zu einer solchen Versöhnung wird es nur dann kommen, wenn die ökonomische Bestimmung und der Widerspruch beachtet werden, die hier jedesmal auftauchen und immer wieder auf eine mögliche Neuordnung der menschlichen Beziehung hinweisen. Allein in dieser Ausformung (elaborazione) des ökonomischen in ein ethisch-politisches Moment »verwandelt sich die Basis aus äußerer Macht, die den Menschen erdrückt, ihn sich gleich und passiv macht, in ein Instrument zur Schaffung einer neuen ethisch-politischen Form und einen Quellgrund neuer Initiativen«.[31]

### *1.3.2. Die ungelösten Aporien der Geschichtsproblematik*

Die von der Aufklärung aufgeworfenen Probleme sind in der Verschärfung der Aufklärung durch Kant und Hegel und ihrer Überwindung durch Marx und die Theorie-Praxis-Tradition, die sich auf ihn beruft, bis heute offengeblieben.[32] Sie stehen als Thesen zwischen den Aporien, die sie selbst, wenn nicht hervorgerufen, so doch wenigstens aufgedeckt und ans Licht gebracht haben. Mehr noch, gerade wenn sie zu ihrem eigenen, für das neue Geschichtsbewußtsein konstitutiven Problemstand stehen wollen, können sie sich der Aporien nicht entschlagen, die sie selbst sichtbar gemacht haben. Zunächst ist es die nunmehr mit der Autonomie identifizierte Freiheit selbst, der es nicht gelingt, sich aus der Aporie des Formalismus zu befreien. Denn da nun im letzten die Überwindung der Heteronomie zum Maßstab der Freiheit wird, ergibt sich daraus gegensätzlich zu dieser Freiheit eine

[30] Ebd. 117.

[31] *A. Gramsci,* Il materialismo storico e la filosofia di B. Croce, 40.

[32] Für den Beweis der These, daß unsere Probleme noch diejenigen sind, die die Aufklärung aufgeworfen und ungelöst hinterlassen hat, vgl. *W. Oelmüller,* Die unbefriedigte Aufklärung, Frankfurt 1969.

Bedeutung, die dem Menschen vorgegeben ist und über die er deswegen nicht verfügen kann; er ist vielmehr aufgerufen, sie in Gehorsam und Treue zu leben.

Die so rein formal verstandene Freiheit und ihr konkreter, in eben dieser Freiheit zu verwirklichender Inhalt werden auseinandergerissen. Das hat zur Folge, daß ein Bedenken des »Neuen«, des anderen, das zu produzieren oder auch nur vorzustellen dem Menschen nicht gegeben ist, von vornherein nicht in Frage kommt. Von hier aus werden die Schwierigkeiten der verschiedenen gegenwärtigen kritischen Theorien begreiflich, sich konkret zu »vermitteln«.[33] Sich wie Adorno und Horkheimer auf die Tradition der Freiheitsgeschichte seit der Aufklärung zu berufen, im Bemühen, der Sinnentleerung zu entgehen, die die Freiheit durch die Anwendung der instrumentalen Vernunft erfährt, kann für ein historiographisches Lesen[34] außerordentlich instruktiv sein und einer Verfeinerung unseres kritischen Instrumentariums dienen. Diese kritische Vergangenheitserinnerung bleibt aber, weil sie nicht bereit ist, an etwas zu erinnern, was der Mensch nicht selbst gemacht hat, ohne Überzeugungskraft, insofern sie unfähig ist, den richtigen Abstand von sich selbst gewinnen zu lassen. Diesen Fehler dem neuzeitlichen Freiheitsverständnis zuzuschreiben bedeutet aber nicht den Verzicht darauf, wenigstens nicht in der Absicht unserer Zuschreibung, diesen Weg zur Freiheit, zu dem uns die gegenwärtige Geschichte verpflichtet, gleichfalls zu gehen.

Bevor wir diesen Punkt in einem möglichen Hinweis — der als solcher auf theologischer Ebene liegt — ausführen, wollen wir kurz auf die Sackgasse, in der sich die negative Vernunft Hegels befindet, verweisen und auf die Schwierigkeit aufmerksam machen, jenen Sprung von der Notwendigkeit zur Freiheit zu vollziehen, den der Marxismus in der Interpretation des Geschichtsprozesses beschreibt. Dabei haben wir nicht vor, uns auf irgendwelchen Abwegen zu verrennen, sondern wollen nur das vorbringen, was nach unserer Ansicht noch zu überwinden bleibt.

Vielleicht hat niemand mit solcher, nicht nur rein rationaler, sondern auch ästhetischer und existentieller Gewalt die Macht der negativen Vernunft erfaßt wie der Marxist (?) Ernst Bloch, der gleichzeitig Ver-

---

[33] Für eine Kritik verschiedener kritischer Theorien in diesem Sinne vgl. *W. Oelmüller* im schon zitierten Buch von *J. B. Metz/J. Moltmann/W. Oelmüller,* Kirche im Prozeß der Aufklärung, 91—143.

[34] »Lesen« (lecture) meint hier ein Sehen, Verstehen; vgl. Anhang, Anm. 7 und die dort zitierte Literatur. Der Begriff ist von Althusser übernommen; vgl. den Buchtitel: Das Kapital lesen.

neiner und Erneuerer ist. Niemand wußte besser als er, diese Macht in der *docta spes* auf die Zukunft zu vermitteln. »Sehnsucht, Erwartung, Hoffnung also brauchen ihre Hermeneutik, die Dämmerung des Vor-uns verlangt ihren spezifischen Begriff, das Novum verlangt seinen Frontbegriff. Und all das im Dienst des Zwecks, daß durch das vermittelte Reich der Möglichkeit endlich die Heerstraße zum notwendig Gemeinten kritisch gelegt werde, unabgebrochen orientiert bleibe.«[35]
Für Bloch wird sich das erhoffte Novum in seiner Fähigkeit, die Gegenwart unter Anklage zu nehmen, immer in den menschlichen Hoffnungen erschöpfen, die die Gegenwart hervorrufen kann. Die »Negation« ist mit anderen Worten eigentlich keine und kann eine solche nicht sein, solange es ein Produzieren dessen gibt, was negiert werden muß. Um es mit Adornos Worten aus dem schon zitierten Abschnitt der *Minima Moralia* zu sagen, bleibt nur festzustellen, daß »je leidenschaftlicher der Gedanke gegen sein Bedingtsein sich abdichtet, um des Unbedingten willen, um so bewußtloser, und damit verhängnisvoller fällt er der Welt zu.«
Noch komplexer erscheinen die Probleme des marxschen Entwurfs zur Eroberung menschlicher Freiheit in einer gesellschaftlichen Totalität, in der es die verschiedenen Formen der Entfremdung nicht mehr geben soll. Nicht an seinem Entwurf als solchem und seinen Zielvorstellungen wollen wir Zweifel anmelden; und auch nicht etwa deswegen, weil er ganz von utopischen Zügen frei ist. Heute haben wir uns ja an die Notwendigkeit von Utopien, in dem Maße, in dem wir ihre revolutionäre Kraft erkannten, gewöhnt. Auch wenn die Ukoopien (ucoopie), die Antizipation der Utopien, nie dem ursprünglichen Traum entsprechen, so bezeugen sie jedoch zweifelsohne die geschichtliche Fruchtbarkeit der Utopie und ihrer größeren Wahrheitskraft hinsichtlich dem behaupteten Selbstgenügen dessen, was sich als herrschende und objektive Wahrheit vorstellt.[36]
Zweifel wollen wir eher gegenüber dem marxistischen Anspruch anmelden, innerhalb der Geschichte selbst unter einem der für die Totalität konstitutiven Elemente eine Determinante in letzter Instanz festmachen zu können. In diesem Falle würden wir gezwungen, ein Element, das doch immer ein Teilelement bleibt, als den Ordnungsfaktor des Ganzen fest auszumachen. Unsere Unschlüssigkeit ist nicht akademisch oder von der Sorge um die Religion diktiert, die erst dann,

---

35 *E. Bloch,* Das Prinzip Hoffnung I, Frankfurt 1969, 5.
36 Zum Begriff »Ukoopie« und die Fähigkeit der Ukoopie, die Wahrheit der Utopie herauszustellen, vgl. *H. Desroche,* Voyages en ucoopie, in: Esprit 2 (1966) 222—245.

wenn sie die Gültigkeit und Qualität des Gesagten festgestellt hat, den letzten Federstrich tun will.
Auffällig ist die Unfähigkeit des Marxismus, für einige seiner eigenen Behauptungen Vernunftgründe beizubringen. Wir beschränken uns hier auf ein einziges Beispiel. Der genauer durchdachte Marxismus hat sich nie mit dem historischen Determinismus der Zweiten Internationale identifiziert und immer die Überzeugung vertreten, daß revolutionäre Situation und siegreiche Revolution nicht unbedingt zusammenfallen müssen. Geschichtlich gegebene Voraussetzungen für eine Neuordnung der menschlichen Beziehungen sind für einen tatsächlichen Umsturz nicht unbedingt hinreichend: »Ist die Zeit für den Kommunismus reif, so bedeutet das nicht seine tatsächliche Unvermeidbarkeit ... Die Grundunterscheidung innerhalb des Marxismus liegt dort, wo der deterministischen Theorie von der Unvermeidbarkeit des Sozialismus eine dialektische Konzeption der Geschichte entgegengestellt wird, die nie *a priori* den Rückschritt oder die Katastrophe ausschließt.«[37]
Ein solches Zitat stellt keine Einzelmeinung des fortgeschritteneren Marxismus heraus, sondern könnte durch viele andere Stellen bei Lenin[38], Gramsci[39] usw. belegt werden.
Wenn man einmal genauer zusieht, bildet diese Behauptung — wie Althusser sagen würde — eines jener schwerwiegenderen »Versehen«, die genau die Stelle bezeichnen, an der ein System überwunden werden kann. Ein Geschichtsbegriff, der auf seine »Wissenschaftlichkeit« Wert legt, kann durch die Behauptung der prinzipiellen Nichtunvermeidbarkeit der Revolution zumindest in Verlegenheit gebracht werden. Nicht etwa deswegen, weil eine Wissenschaft den Anspruch erhebt, die Ergebnisse mit Gewißheit voraussagen zu können. Aber sie behauptet zumindest, in dem Maße Fortschritte zu machen, als sie die Bedingungen zu bestimmen lernt, die die Berichtigung einer bestimmten Theorie gestatten.
Im allgemeinen sieht der Marxismus die Hauptbedingung für eine Bestätigung und Berichtigung seiner eigenen Geschichtstheorie in der

---

[37] Il Manifesto 2 (1970) 9, 23.
[38] Vgl. die Einleitung von *S. Corvisieri,* Il biennio rosso 1919—1920 della Terza Internazionale, Mailand 1970, 13—66.
[39] Und nicht nur des jungen *Gramsci* der »Revolution gegen das Kapital« im Mailänder »Avanti« vom 24. XI. 1917, sondern auch des Gramsci der »Hefte aus dem Kerker«; vgl. z. B. Gramscis Beurteilung des ideologischen »Aromas« der deterministischen Sichtweise: Il materialismo storico, S. 13, oder in der Anerkennung der »furchtbaren Kraft eines moralischen Widerstandes«, die der Determinismus darstellt, wenn Kampfinitiative fehlt.

Existenz einer wirklich revolutionären Partei, die die herrschenden Strukturen reifen zu lassen und zu einem Umsturz der gesellschaftlichen Zustände zu nutzen versteht. In Wirklichkeit ist diese Lösung aber unbefriedigend, weil, wie es auf der Hand liegt, nur schwer zu beweisen ist, daß jeweils gerade die Existenz (oder Nichtexistenz) einer solchen Partei oder einer entsprechenden Organisation die Voraussetzung für den Erfolg oder Mißerfolg gewesen ist.

Tatsächlich beantwortet der Satz von der Nichtunvermeidbarkeit der Revolution eine Frage, die der Marxismus als solcher nicht zu stellen vermag. Die Aussage, die Revolution sei nicht darauf zurückführbar, daß die sie ermöglichende Lage dazu reif war, heißt auf die Frage nach der umfassenderen Bedeutung der Geschichte, nach ihrem letzten Geheimnis, eine Antwort zu geben. Nun kann aber gerade eine solche Frage innerhalb des Marxismus gar nicht gestellt werden; denn eine Wirklichkeitserklärung, die er nicht innerhalb der Wirklichkeit selbst zu entdecken vermag, schließt er prinzipiell aus.

Wenn der Marxismus also gegenüber dem unterschiedlichen Verlauf der revolutionären Entwicklung in den verschiedenen Ländern und gegenüber dem Niedergang dieser Entwicklung auch dort, wo die Revolution Anfangserfolge erzielte, den Satz von der Nichtunvermeidbarkeit eines revolutionären Prozesses — und wenn auch nur mit zusammengebissenen Zähnen — gerechterweise einführt, dann antwortet er faktisch auf eine Frage, die er als solche nicht zu stellen vermag. Wenden wir nun Althussers Lektüre des Systems an[40], wobei uns Althusser sicher nicht folgte, könnten wir sagen: das, was sich abspielt, wenn eine gegebene Antwort faktisch nach einer nicht gestellten Frage verlangt, »hat nichts mit einem neuen punktuellen Objekt zu tun, das unter anderen bereits bestimmten Objekten auftaucht, so wie ein unvorhergesehener Besucher bei einem Familientreffen erscheint: der Vorgang bewirkt vielmehr eine Veränderung der *gesamten* Terrains und Horizonte, auf denen das neue Problem produziert wurde.«[41]

Hier wird deutlich, daß der Leitgedanke des modernen Menschen am Ende sich selbst nicht zu folgen vermag. Wir stehen vor der Un-

---

40 Vgl. Anm. 34.

41 *L. Althusser/E. Balibar,* Das Kapital lesen, Hamburg 1972, 27. An diesem Punkt wäre zu fragen, worin der tiefere Grund liegen könnte, der den Marxismus hindert, einen weiteren Horizont »kohärent« und nicht als Feststellung einer nicht integrierbaren Tatsache zu umgreifen. Vielleicht in der Reduktion der Funktion der Synthese zwischen Natur und Subjekt auf Produktionsarbeit? Dieser Meinung scheint *J. Habermas:* Erkenntnis und Interesse, 36—87, zu sein.

möglichkeit, bis zur Bedeutung des Sinnes vorzustoßen. Welche Auswege gibt es angesichts einer solchen Situation? Bleibt uns vielleicht nur der verzweifelte Sprung in den Glauben, der uns über die Enttäuschungen der Geschichte hinwegtrösten könnte? Oder gilt es genau hier, das immer unruhige Kind — und was sonst ist der moderne Mensch? — am Kragen zu fassen, ihm die katastrophalen Auswirkungen seines Ungehorsams zu Bewußtsein zu bringen und ihn zu gemäßigteren Ansichten zurückzuführen?
Aber ist es dann nicht vielleicht menschenwürdiger, lieber die tragischen Konsequenzen der redlichen Rebellion gegen die Götter auf sich zu nehmen? Der Glaube darf mir nicht einfach nur die leichtere und in diesem Sinne tröstliche und befriedigendere Lösung schenken können. Wer zöge es dann nicht vor, mit des Prometheus Worten an Hermes zu antworten, die Marx in der Einleitung zu seiner Dissertation zitiert: »Mit deinem Frondienst möchte ich dies mein Jammerlos vertauschen nimmer, hör es deutlich, nimmermehr. Ja schöner ist es, da dem Fels fronhaft zu sein, denn Vater Zeus zu dienen als ein Bote treu.«[42] Kann man sich heute, bei dem harten Kampf, den der Mensch in der bewußt durchgetragenen Bitterkeit seines Sichabmühens führt, das auf eine größere Hoffnung verzichtet, gerade weil der Mensch ehrlicher nach den eigenen Möglichkeiten leben will, einfach in eine Sicherheit flüchten, die diesem Sichabmühen und dieser Plackerei aus dem Wege geht, um womöglich wie ein Parasit die Früchte fremder Arbeit zu genießen?
Muß der Glaube nicht, wenn er eine für die Menschen annehmbare Gestalt haben soll, diesem Sichabmühen, ohne den Menschen davon zu entfremden, sondern vielmehr indem er ihn an seine Verantwortung erinnert, eine eigene Bedeutung verleihen? Und was soll die immer stärker privatisierte Kirche unternehmen, damit diese Bedeutung allen als eine harte und ernst zu nehmende, aber gerade deswegen vielleicht wirklich befreiende Bedeutung erscheint? Wie muß eine Gemeinde leben und was muß sie tun, damit sie, trotz ihrer gegenwärtigen Lage, ein Wort verkünde, das nicht einfach übergangen und folgenlos »konsumiert« werden kann, sondern das in seiner Wahrheit aufrüttelt und eine so neue Sprache spricht, »daß sich die Menschen über sie entsetzen und doch von ihrer Gestalt überwunden werden, die Sprache einer neuen Gerechtigkeit und Wahrheit, die Sprache, die den Frieden Gottes mit den Menschen und das Nahen seines Reiches verkündigt«.[43]

---

42 *Marx/Engels,* Werke, Ergänzungsband 1, Berlin 1968, 263.
43 *D. Bonhoeffer,* Widerstand und Ergebung, 328.

## 1.4. *Auf der Suche nach einer redlichen Verantwortung*

Eine Gemeinde, die vor ihrem Glauben und den Instanzen der eigenen Epoche verantwortlich leben will, kann sich nicht auf leichtes Terrain zurückziehen. Ebensowenig kann sie die öffentliche Anerkennung einer Sonderstellung innerhalb der bürgerlichen Gesellschaft verlangen. Sie muß vielmehr unter Beweis stellen, daß sie ihre eigene Stimme zu Gehör zu bringen und verständlich zu machen versteht und daß sie ihrem Glauben aus ihrer bewußt angenommenen Situation heraus eine allgemeine Resonanz zu verschaffen vermag. Nur so wird der Glaube nicht mit einem »privaten« oder »gesellschaftlich selbstverständlichen« Tun verwechselt werden, sondern seine ganze Relevanz für eben diese bürgerliche Gesellschaft erschließen.

### *1.4.1. Der Ort christlicher Erfahrung*

Ein einfacher Ausweg aus dem Unbehagen heutigen Glaubens könnte darin bestehen, einen Ort außerhalb der Geschichtserfahrung unserer Zeit zu suchen, um dort die Kraft des eigenen Glaubens zu erproben. Man beachte, daß wir das spezifische, geschichtliche Erscheinen der Kirche, das auf »weltliche« Erfahrung nicht zurückzuführen ist, keineswegs leugnen wollen. Ganz im Gegenteil. Aber wir meinen, der Gedanke, die moderne Erfahrung des *homo faber* sei bezüglich des Glaubens weniger privilegiert als irgendeine andere Welterfahrung, wiege sehr schwer. Selbst ein Theologe wie Hans Urs von Balthasar, der so gern von einem Niedergang des gegenwärtigen Bewußtseins spricht, kann, wenn er die Vollständigkeit der christlichen »Form« wahrzunehmen versucht, die Frage nicht vermeiden, ob nicht zufällig, über die besondere Schwierigkeit unserer Zeit hinaus, die Spezifität der christlichen Erfahrung wiederzuentdecken, auch das Gegenteil wahr sei, nämlich eine größere Leichtigkeit, in der Höhle ohne Echo, als die sich die gegenwärtige Welterfahrung darstellt, die radikale Verschiedenheit der »Form« Gottes zu erfassen. »Aber in dieser wertlosen Offenheit liegt vielleicht doch, für einige wenigstens, der Weg wieder freier zur Urgestalt, die nicht Form unter Formen ist, sondern Form identisch mit Dasein, Form jenseits von offen und geschlossen, jenseits von Ich und Du (weil sie und sie allein beides umfängt), Form sogar jenseits von Autonomie und Heteronomie, weil sie Gott und Mensch in einer unvorstellbaren Intimität verbindet.«[44] Warum soll denn einzig die griechische Vermitt-

---

[44] *H. U. von Balthasar,* Herrlichkeit. Eine theologische Ästhetik, Bd. I, Einsiedeln 1961, 23.

lung christlichen Glaubens der privilegierte Ort gewesen sein, um sich dort diese Intimität von Gott und Mensch vorzustellen und davon überzeugt zu sein, »daß es im tiefsten kein bloßer Zufall war, daß die christliche Botschaft bei ihrer Gestaltwerdung zuerst in die griechische Welt eintrat und sich hier mit der Frage nach dem Verstehen, nach der Wahrheit verschmolzen hat«?[45]

Hat die Wahrheitsfrage, wenigstens wenn wir der Wahrheit ihre christliche Bedeutung beilegen, die jenseits aller metaphysischen Systematisierung mit dem geschichtlichen Ereignis des Todes und der Auferstehung Christi identifiziert wird, vielleicht ihre eigene manichäische Unterscheidung der verschiedenen Geschichtserfahrungen? Oder ist der Herr aller Welt vielleicht nicht imstande, uns nahe zu sein, um uns auch in einer unserem Heute eigenen Welterfahrung sein Heil mitzuteilen?[46]

Notwendig ist nur, daß das Wort Gottes seinen Triumph in der Geschichte feiert, den Triumph des Weizenkorns, das stirbt, um Frucht zu tragen; den Triumph des Gerichts und der gleichzeitigen Verheißung und den Triumph des Entgegenkommens Gottes, der sich entäußert (Phil 2,7) und genauso sein Gericht und seine Andersartigkeit in einer Welt offenbart, die sich selbst zu rechtfertigen und zu erheben sucht. Damit das geschehen kann, darf man aber nicht von vornherein die Möglichkeit abtun, daß christliches Verstehen sich auch im »Machen« und nicht nur im »Schauen« vollziehen kann. Warum soll man eine »unfruchtbare Antithese« zwischen Wahrheitsfrage und gegenwärtigem wissenschaftlichem Ethos konstruieren?[47]

Ist es nicht gerade die Wahrheit, nach der die Wissenschaft, wenn auch nur in der bescheidenen Form der »Vermutung«, jenseits ihrer Resultate und Lösungen heute sucht?[48] Und ist eine Wahrheitsfrage weniger »christlich«, wenn sie der Leichtigkeit einer in aristokratischer und vom Kampf des Menschen abgeschirmten Reflexion gesuchten Sicherheit entsagt und sich statt dessen in demütiger Teilnahme,

---

[45] *J. Ratzinger,* Einführung in das Christentum, München 1968, 51; vgl. *G. Ruggieri,* I due volti della teologia, in: Idoc internazionale 1 (1970) 17, rubrica courrier idoc.

[46] Für eine theologische Bestimmung der gegenwärtigen Glaubenserfahrung vgl. *W. Kasper,* Glaube und Geschichte, Mainz 1970, 120—143.

[47] *J. Ratzinger,* Einführung, 49. Und weiterhin auf derselben Seite: »Das bedeutet, daß in der Ablösung der Wahrheitsfrage vom Sein und in ihrer Verlagerung auf das *factum und faciendum* der Wahrheitsbegriff selbst wesentlich verändert ist«; es ist also möglich, aber es bleibt abzuwarten, ob in dieser Veränderung die christliche Wahrheit in Frage gestellt ist.

[48] *K. R. Popper,* Scienza e filosofia, Turin 1969, 38—47.

im aufmerksamen Schweigen, im Verzicht auf den endgültigen Besitz des eigenen Gegenstandes (der Wahrheit) und in der Offenheit gegenüber einem »Ergebnis«, das die eigenen vorausgehenden Erfolge in Frage stellen kann, selbst aufs Spiel setzt?[49]
Wir selbst möchten lieber die paulinische Dialektik zwischen Gesetz und Gnade auf die heutige Erfahrung des Menschen anwenden.[50] Das Gesetz, dem sich der moderne Mensch verpflichtet glaubt, ist nicht als solches Sünde. Es kann zur Sünde führen und tut das außerhalb des Glaubens auch wirklich. Aber das heißt noch nicht, daß der Glaubende die heutige Erfahrung im Namen der Doppeldeutigkeit, der sie unterworfen ist, einfach überspringen darf. Sie kann und muß Zuchtmeister auf Christus hin werden. Der Glaube erst schenkt die Fähigkeit, das Gesetz zu »erfüllen«, also jener Bedeutung zu folgen, nach der das Gesetz heimlich verlangt, ohne sich vielleicht darüber Rechenschaft abzulegen. Wir müssen also die Erfahrung des Menschen, der die Geschichte zu »machen« versucht, neu verstehen und ihren dialektischen Zusammenhang mit dem Glauben erfassen, statt manichäisch die Möglichkeit eines *tertius usus legis* zurückzuweisen;[51] sie besagt, daß die Gnade auch eine menschliche Erfahrung, die das Heil auf doppeldeutige Weise zu verfolgen willens ist, anzunehmen vermöge, um diese Erfahrung, diesem Gesetz, seine volle Erfüllung zu verleihen.
Das beinhaltet, wenigstens heute, ein außerordentliches Risiko und eine äußerste Armut in den Mitteln. Das christliche Bewußtsein ist mit dieser dialektischen Sicht noch nicht sehr vertraut; sie schließt einen Vorstoß ins Unbekannte ein, in ein Land, in dem die Wege nicht vom christlichen Bewußtsein angelegt wurden und die Grundkategorien selbst noch weit unsicherer und fließend sind.[52] Wir müssen uns dieses Wagnisses klar bewußt sein. Einen besseren Ort und

---

[49] Man vergleiche in solchem Sinne, was das Prinzip der »Falsifizierbarkeit« bedeuten kann, so wie es Popper versteht! *K. R. Popper,* Logik der Forschung, Tübingen [3]1969, 47—59.

[50] Eine solche Interpretation, aber nur in Andeutungen, findet sich bei *W. Kasper,* Theorie und Praxis innerhalb einer theologia crucis, in: Hochland 62 (1970), 154f.

[51] Für die Bedeutung des Ausdrucks und die Problematik der verschiedenen »usus legis« vgl. *D. Bonhoeffer,* Die Lehre vom primus usus legis nach den lutherischen Bekenntnisschriften und ihre Kritik, in: *ders.,* Ethik. Zusammengestellt und herausgegeben von Eberhard Bethge, München [7]1966, 323—340.

[52] Vgl. die richtigen Beobachtungen *K. Lehmanns,* Die politische Theologie: Theologische Legitimation und gegenwärtige Aporie, in: *H. Peukert* (Hrsg.), Diskussion, 185—86.

eine bessere Zeit für diese Auseinandersetzung auszusuchen, ist uns nicht gegeben. Ort und Zeit sind einfach unsere eigene Geschichte, die Gott in unsere *Verantwortung* gelegt hat.

### *1.4.2. Die Ideologisierung des Glaubens*

Der Ort christlicher Erfahrung ist benannt, es bleibt uns noch die Art und Weise zu bestimmen, in der die Gemeinde in dieses unbekannte Land eindringen soll, ohne doch hier endgültig heimisch werden zu wollen. Sie bleibt vielmehr in fortdauernder Pilgerschaft begriffen (vgl. Hebr 11,8 ff.). Leicht erliegt man der Gefahr einer Ideologisierung des Glaubens, das heißt der Gefahr, den Glauben ausschließlich als ein gemeinsames Dach für sonstwo entstandene und anderswo verankerte Bedürfnisse zu verstehen. Der Glaube kann seine Rechtfertigung nicht aus seiner Fähigkeit erwarten, die menschliche Freiheitsforderung oder sonst etwas zu interpretieren, solange dieser Satz auch stichhaltig erscheinen mag. Bei einer solchen Argumentation riskiert man es, nicht einmal mehr die dem Menschen von Gott zugedachte Freiheit und ebensowenig seine uns im Glauben geschenkte Gerechtigkeit zu verstehen. Gott erwartet nicht, von Menschen gerechtfertigt zu werden, sondern es ist der Mensch, der von Gott gerechtfertigt werden muß. Übrigens erwartet es heute die Geschichte gar nicht, anerkannt und gerechtfertigt zu werden. Sie ist groß genug, um sich selbst durchzusetzen, und der fromme, von wohlmeinenden Leuten immer wieder unternommene Versuch, auch den »theologischen« Wert der Geschichte und des menschlichen Fortschritts aufzuweisen, dient nur dem, der außerhalb der Geschichte steht, der ihre Unruhe und Spannung selbst nicht durchlebt und von ihrer Größe und ihrem Elend nichts weiß. Die theologische Rechtfertigung der Geschichte kann häufig gerade die kirchlich enge Kompensation für die radikale Unfähigkeit sein — die eine Folge der Verurteilungen und jahrhundertealter Verfestigungen ist —, Geschichte zu »machen«, und das im ganz handfesten Sinn des Wortes.[53] Die »Rechtfertigung«, derer die Geschichte bedarf, ist keine andere als die, derer der einzelne Christ bedarf. Sie ist ebensowenig ein reines Aufblühen wie ein einziger Verfall. Abgesehen davon, daß es einfach lächerlich ist anzunehmen, unser Händedruck, den wir mit dem

---

[53] Wir wollen die geschichtliche Funktion, die die sogenannte Theologie der irdischen Wirklichkeit in der Reifung des christlichen Bewußtseins gespielt hat, keineswegs leugnen. Sie ist aber völlig ungenügend, um die Begriffe einer christlichen Präsenz in der Welt zu definieren. Vgl. die richtigen Beobachtungen von *J. B. Metz,* Zur Theologie der Welt, 12 f.

Sieger tauschen, füge dem Wert seines gezeigten Könnens noch etwas hinzu, verfehlten wir unsere christliche Verantwortung, wenn wir uns damit begnügten, die Nachhut der zum guten Schluß in der politisch-geschichtlichen Arena noch erreichten Avantgarde zu verstärken. Es ist ohne weiteres begreiflich, daß einige Christen all das recht erhebend finden und so den Komplex einer archaischen und zurückgebliebenen Minderheit zu überwinden trachten. Aber es ist nicht der beste Weg, der Geschichte zu helfen. Die Geschichte nicht zu lieben, ist uns unmöglich. Aber unsere Liebe besteht nicht in der Nachfolge. Nachfolge ist für uns ausschließlich Nachfolge Christi. Die Liebe zur Geschichte, das Leiden um ihre Zukunft, schließt für den, der an das im Auferstandenen verheißene Heil glaubt, *verantwortliches* Mitwirken ein. Die *Verantwortung* bezieht sich in besonderer Weise auf die von Gott gewollte und gewirkte Bedeutung der Geschichte. Diese Bedeutung kann nicht auf eine Funktion des geschichtlichen, vom Menschen konzipierten und konstruierten Sinnes zurückgeführt werden. Sie ist das Heil dieses Sinnes, ein Heil, das dem Gesetz des Kreuzes gehorcht. Und Kreuz heißt Gericht und Auferstehung zugleich.

Die Forderung, die Glaubenserfahrung, so wie sie heute jenseits von mythologischen oder metaphysischen Sehnsüchten gelebt wird, in die Geschichte zurückzutragen, kann keinesfalls bedeuten, die Geschichte zum letzten Bezugspunkt unserer Glaubenserfahrung zu machen. Was immer die dialektische Theologie des frühen Barth überspitzt haben mag, ihr Verweis auf die Nichtrückführbarkeit des Christusereignisses auf ein anderes Fundament als auf es selbst, bleibt immer gültig.[54] Nicht wir begründen den Glauben, es ist der Glaube, der unsere Existenz begründet. Wenn Marx den Ideologiecharakter der Religion so herausfordernd darstellt, so darf das nicht auf der Ebene einer logischen Anfechtung verstanden werden. Der Aufweis, daß unser Glaube nicht den Reflex auf einen sonst entstandenen Widerspruch darstellt, sei es in der Unterwerfung des Menschen unter die Natur oder in seiner Unfähigkeit, zu sich selbst zurückzufinden, weil die Arbeit, indem sie den Charakter einer Ware annimmt, zum Herrn

---

[54] *K. Barth,* Das 1. Gebot als theologisches Axiom, in: *ders.,* Theologische Fragen und Antworten, Zollikon 1957, 127—143. Auch Moltmanns Vorbehalt gegenüber dem von der barthschen Theologie vorausgesetzten »Verifikationsschema« leugnet diesen Gesichtspunkt nicht. Ebenso schließt Moltmann auf die Widersprüchlichkeit der Wirklichkeit, wobei er nicht von dieser, sondern von der ihr durch das Wort enthüllten »inadaequatio« ausgeht. Vgl. *J. Moltmann,* Perspektiven der Theologie, Mainz-München 1968, 13—35, bes. 21 ff.

über sein Tun wird und ihn sich selbst entfremdet;[55] der Aufweis, daß der Glaube keine freudsche »Illusion« darstellt, »einen Schatz von Vorstellungen, geboren aus dem Bedürfnis, die menschliche Hilflosigkeit erträglich zu machen, erbaut aus dem Material der Erinnerung an die Hilflosigkeit der eigenen Kindheit und der Kindheit des Menschengeschlechtes«,[56] mit anderen Worten: der Aufweis, daß der Glaube uns zu einem neuen Leben geboren hat, und nicht wir selbst es sind, die den Glauben in uns geschaffen haben, um die Leere unseres Daseins auszufüllen, kann nichts anderes sein als die Frucht einer gewissen Art, Geschichte zu machen. Sonst hätte eben Marx recht. Wir hätten einer in bestimmter Weise gestalteten geschichtlichen Wirklichkeit nichts anderes entgegenzusetzen als die dialektische und aristokratische Raffinesse einer intellektualistischen und ästhetisierenden Existenz, die sich in der Perfektion der eigenen intellektuellen Konstruktion selbst bespiegelt; vielleicht auch noch eine polemische *Verve,* Überrest einer alten apologetischen Gewohnheit, wenn sie nicht geradezu durch ihre indirekte Stütze mit den Verantwortlichen der geschichtlichen Widersprüche in stillschweigendem Einvernehmen steht.

Gerade deswegen soll die Geschichte in ein Gehorsamsverhältnis gebracht werden. Nicht sie stellt die letzten Fragen. Jene allerletzte Frage, die die Antwort leiten muß, wird Gott aussprechen. Die Geschichte gleicht nicht einem kränklichen und launischen Kind, dessen Wünsche erfüllt werden müssen. Die Geschichte ist viel eher ein Erwachsener, der das Stadium des Narzißmus hinter sich gelassen hat und sich nun gemäß den Anweisungen Gottes auf den Weg machen muß. Die Geschichte soll also selbst in Frage gestellt werden, und zwar von der Frage her, die Gott an uns richtet. Es muß gesagt werden, daß die Geschichte auf den Glauben und nicht der Glaube auf die Geschichte zu antworten hat. Wer diese Aussage für überheblich hält, hat wahrscheinlich nicht ganz verstanden, was der Begriff Geschichte bedeutet, der nicht etwas außerhalb von uns Liegendes, sondern unsere eigene Existenz mit ihrem ganzen Geflecht wirtschaftlicher, gesellschaftlicher, politischer, kultureller und gefühlsmäßiger Beziehungen und Verhältnisse, die beliebig und auferlegt, frei und notwendig, bedingend und bedingt sind, bezeichnet. Die Geschichte ist also nicht der Kranke, zu dem wir in den Pausen zwischen den familiären und beruflichen Pflichten unser politisches Engagement

---

[55] *Marx/Engels,* Werke, Bd. 23, Berlin 1969, 86—94.

[56] *L. Dewart,* Die Zukunft des Glaubens, Einsiedeln 1968, 24, zitiert aus *S. Freud,* Die Zukunft einer Illusion, Ges. Werke, XIV, London, 340.

und unseren religiösen Trost hintragen; die Geschichte, das sind wir selbst, wir, die wir sie machen! Geschichte theologisch zu rechtfertigen kann also nur heißen, die Geschichte, die wir, in stillschweigendem Einverständnis oder in unfruchtbarer Zurückweisung, unbewußt oder mit revolutionärem Bewußtsein, selbst sind, unter das Gericht Gottes zu stellen. Theologische Rechtfertigung der Geschichte kann nur heißen, Hinweise für ein anderes »Machen« der Geschichte zu geben, um schon in ihr die Macht der von Gott heraufgeführten neuen Schöpfung offenbar zu machen. Nur in dieser Offenbarkeit der »Neuheit« Gottes, die die Geschichte sich nicht selbst geben kann, die sie aber, allerdings nur um den Preis ihrer Unterwerfung unter Gottes Gericht, annehmen kann, wird sich der dem Glauben gemachte Ideologievorwurf als gegenstandslos erweisen. Es gibt keinen anderen Weg, auch nicht den einer raffinierten Flucht in eine christliche Erfahrung außerhalb dieser Geschichte oder den Weg der Götzendienerei an dieser Geschichte; letzterer degradiert den Glauben nur notwendig zu einer Funktion der Geschichte.

### *1.4.3. Die Gefahr, die Frage zu überhören*

Unsere Methode müßte nunmehr klar sein. Aber noch bevor eine Antwort konzipiert werden soll, wobei das Risiko nicht zu umgehen ist, den Mund zu voll zu nehmen und nur wenig zu sagen, müssen wir uns bereit machen, auf die Frage zu hören, die Gott der Geschichte stellt. Wir müssen also versuchen, der unableitbaren Neuheit der Offenbarung Gottes innezuwerden; denn sie befähigt uns, jenseits aller Privatisierung, die die Lage der Kirche in immer stärkerem Maße kennzeichnet, ja gerade in dieser Situation, dieses Wort zu verkünden, dem keine Grenzen gesetzt sind und das an alle ergangen ist, dieses Wort, das einer Bedeutung voll ist, die den Sinn in die Krisis stellt. Aber auch hier lauert eine Gefahr: in unserem Bemühen, Gottes Frage zu vernehmen, dieser Frage, damit sie überhaupt ausgesprochen werde, unsere Sprache zur Verfügung zu stellen. Denn wir können dieses Wort nicht verkünden, ohne es mit unseren Worten zu vermengen.

Das gilt schon für die besondere Fragestellung, mit der wir an die Bibel herangehen werden; es gilt ebenso für den Weg, auf dem wir die Frage zu fassen versuchen werden. Außerdem lauert hier trotz unseres guten Willens die Gefahr, daß die Frage unvernommen bleibt und unsere Worte das Wort des Herrn übertönen.

Es gibt jedoch keinen anderen Weg, als dieses Risiko im Auge zu behalten und im übrigen auf die Kraft des Wortes Gottes zu vertrauen, das sich in der Kirche zu allen Zeiten auszusagen vermag. Daran ändert auch die Sünde der Kirche und die Sünde derjenigen nichts, die mit ihrem Tun, mit ihrem Studium und ihrem Zeugnis in der Geschichte das Geheimnis der Gegenwart Gottes zu erneuern versuchen.

Mit »Furcht und Zittern« haben wir also das Wort Gottes zu verkünden, aber wir müssen es gleichfalls in tiefem Vertrauen befragen; es soll nicht so sehr auf unsere Erwartungen antworten, als vielmehr seine Macht offenbaren, uns eine Frage zu stellen, die unsere Vorstellungskraft weit übersteigt. Nur dann wird es uns vielleicht möglich, auch wenn es uns hart ankommt, zu bekennen, daß Er, »Den wir verehren, ohne ihn zu kennen«, und Den die Geschichte trotz allem und ohne es zu wissen sucht, die Macht hat, die Geschichte »neu« zu machen, auch wenn es nicht die Geschichte ist, wie sie der Sohn kennenlernte, als er unter den Menschen lebte.

Auch die Athener verehrten jemanden, ohne ihn zu kennen (Apg 7,23). Paulus begnügte sich nicht damit, ihn zu verkünden, damit sie seiner Verkündigung beistimmten; wenn sie auch bereit waren, einem Gott zu gehorchen, der solche Fragen stellte, wie sie sie sich erwarteten, so waren sie doch nicht in gleichem Maße bereit, die »törichte« Weisheit dieses Gottes zu teilen, und ebensowenig waren sie geneigt, ihren Erwartungshorizont zu verändern; das heißt, sie waren im Innersten nicht dazu bereit zu antworten, sondern nur zu fordern und selbst Fragen zu stellen. Eine »Predigt« müßten wir hier neu zu formulieren versuchen; und zwar mit soviel Phantasie, wie sie die echten Prediger auszeichnet, aber auch mit einem starken Verlangen nach treuem Gehorsam. Ob diese Predigt gehört wird oder nicht, hat am Ende nichts zu besagen. Es ist wenig christlich, nach dem Erfolg zu schielen und ihn zum letzten (und nicht nur vorletzten) Kriterium unseres Handelns zu machen. Viel wichtiger ist es, sich wieder um die Treue zu bemühen.

## 2. DER FRAGEHORIZONT

*Für Silber gibt es einen Fundort,*
*und einen Platz, wo man das Gold auswäscht.*
*Man holt herauf das Eisen aus der Erde,*
*und das Gestein schmilzt man zu Kupfer um.*
*Der Finsternis bereitet man ein Ende,*
*und man durchwühlt auch bis zum letzten*
*das Felsgestein, in tiefe Nacht gehüllt.*
*Die Leute mit der Lampe höhlen aus den Schacht;*
*vom Fuß vergessen hangen sie*
*und schweben weit entfernt vom Menschen.*
*Es sprießt das Brotkorn aus der Erde;*
*doch unter ihr sprengt man mit Feuer.*
*Des Saphirs Fundort ist ihr Felsgestein;*
*auch Goldstaub findet man darin.*
*Ein Pfad ist's, den der Geier nicht gewahrt*
*und den des Habichts Auge nicht erspäht.*
*Nicht wandelt ihn das stolze Wild,*
*Kein Löwe hat ihn noch beschritten.*
*An Kieselsteine legt man seine Hand,*
*durchwühlt die Berge von der Wurzel an.*
*Man hat die Stollen in den Fels gebrochen;*
*sein Auge schaut nun alle Kostbarkeiten.*
*Erforscht hat man der Ströme Quellen*
*und ließ Verborgenes zum Lichte kommen.*
*Die Weisheit aber — von wo kommt sie?*
*Und wo hat denn die Einsicht ihre Stätte?*
*Der Mensch kennt nicht den Weg zu ihr;*
*noch trifft man sie im Lande der Lebendigen.*
*Die Urflut sagt: »In mir verweilt sie nicht.«*
*Das Meer gesteht: »Sie ist auch nicht bei mir.«*
*Man kann nicht Feingold für sie zahlen*
*und wägt nicht Silber dar als Preis für sie.*
*Mit Ophirgold kann man sie nicht bezahlen,*
*auch nicht mit seltnem Onyx und Saphiren.*
*Nicht kann ihr gleichen Gold und Glas,*
*noch ist ein Goldgefäß ihr Tauschwert.*
*Korallen und Kristall darf man nicht nennen;*

*der Weisheit Kaufpreis überwiegt selbst Perlen.*
*An Wert gleicht ihr nicht der Topas aus Kusch;*
*mit reinem Gold wird sie nicht aufgewogen.*
*Die Weisheit also, woher kommt sie?*
*Der Einsicht Stätte, wo ist sie?*
*Verhüllt ist sie vor allen Lebewesen;*
*verborgen ist sie vor des Himmels Vögeln.*
*Selbst Unterwelt und Tod bekennen:*
*Von ihr vernahmen wir nur ein Gerücht.*
*Es kennt nur Gott den Weg zu ihr,*
*er weiß allein um ihren Fundort.*
*Denn zu der Erde Grenzen geht sein Blick,*
*er sieht, was unterm ganzen Himmel ist.*
*Als er dem Winde das Gewicht bestimmte*
*und mit dem Maß die Wasser abmaß,*
*Als er dem Regen eine Norm verlieh*
*und einen Weg dem Donnerstrahl bestellte,*
*Da war's, daß er sie sah und wägte,*
*erforschte und ergründete.*
(Ijob 28,1—27; vgl. Bar. 3,9—38).[1]

In diesem Ijobtext, der wahrscheinlich eine Ablehnung der den Religionen des alten Orients gemeinsamen gnostischen Elemente darstellt,[2] finden wir mit einer im Alten Testament einzigartigen Ausdruckskraft die Weisheitsthematik entfaltet. Die Weisheit wird hypostasiert; außer Gott bleibt sie allen unzugänglich. Wie häufig in der Dichtung wird hier zwischen dem Verlangen des Menschen, die Welt und ihre Geheimnisse zu meistern, und der Weisheit Gottes eine so tiefe Beziehung hergestellt, daß sie auch uns die Möglichkeit zur Interpretation unseres Problems bietet.
Sicherlich ist es nicht unproblematisch, einen Weisheitstext zum Ausgangspunkt für eine Lektüre der biblischen Botschaft zu nehmen. Die

[1] Die Schriftstellen sind nach der Jerusalemer Bibel, Freiburg 1968, zitiert; eventuelle Abweichungen dienen einer Anpassung an den vom Verfasser dargebotenen Text.

[2] »Jedenfalls ist im Alten Testament der mythologische Ursprung verwischt und dem Eingottglauben dienstbar gemacht. Der ursprüngliche Text des Gedichts scheint die Ablehnung eines gewissen selbstbewußten säkularen Rationalismus gewesen zu sein, der jeder menschlichen ›Aufklärung‹ eignet und als Spekulation über den Ursprung der als höchstes Prinzip und Gut der Welt aufgefaßten ›Weisheit‹ in die Geistesgeschichte des Judentums Eingang gefunden hatte.« *A. Weiser,* Das Buch Hiob (Das Alte Testament Deutsch), Göttingen [4]1963, 198.

erste und größte Gefahr liegt darin, die biblische Botschaft in rein kontemplativem und intellektuellem Rahmen zu betrachten. Bei einem solchen Vorgehen würden wir aber der Perspektive der Weisheitsliteratur untreu, die im Kontext der gesamten biblischen Offenbarung [3] und vor allem in der neutestamentlichen Gleichsetzung von Christusereignis und Weisheit des Vaters gesehen, absolut keinen Gegensatz zwischen Kontemplation [4] einerseits und Geschichte, Geschehen oder konkreter Existenz andererseits aufbaut.

Nicht ohne Grund haben wir diesen Text unserer theologischen Reflexion voranstellen wollen, denn ganz unmißverständlich stellt er die »Neuheit« dessen heraus, was Gott für den Menschen bedeuten kann. Diese Neuheit ist auch dem Versuch des Menschen unzugänglich, die Dinge zu »machen« und in der Wirklichkeit zu graben, um nach und nach die Dinge zu seinen Objekten werden zu lassen und — nach dem Bild unseres Textes — in die Tiefen der Erde vorzudringen, wo dann der Eroberungsrausch den Schrecken vor dem ungewissen, tastenden Schritt ohne sicheren Anhaltspunkt überwinden lassen kann.

Unser Verfasser ist kein Verächter menschlichen Sichabmühens. Betroffen von dem, was der Mensch zu erreichen vermag, übersetzt er sein Staunen in das Staunen der Natur, die hier in den Geiern und den stolzen Tieren des Waldes dargestellt ist und dem Menschen

---

3 Für eine Gesamtschau des Weisheitsmotives im Alten Testament vgl. *G. v. Rad*, Weisheit in Israel, Neukirchen 1970.

4 Wir gebrauchen hier »Kontemplation« und ähnliche Begriffe im negativen Sinn. Wir wollen damit nicht etwa die Notwendigkeit einer kontemplativen Dimension des Glaubens und der Theologie leugnen. Der negative Sinn, den wir dem Begriff beilegen, bezieht sich nur auf den Anspruch, ein Glaubensprogramm definieren zu wollen, das nicht durch die *gegenwärtige* Erfahrung des Menschen vermittelt wäre. Und ebensowenig wollen wir die Notwendigkeit einer Begegnung zwischen gegenwärtiger Geschichtserfahrung und der Tradition der vergangenen Erfahrung leugnen (vorausgesetzt nur, daß es eine Erfahrung der Gegenwart gibt, die nicht schon Interpretation einer Tradition ist). Aber die Begegnung interessiert uns nur, insofern die *gegenwärtige* geschichtliche Erfahrung, ohne für nichtig erklärt oder übergangen zu werden, gelebt werden kann.
Außer dem Sprung in die Vergangenheit und außer der »Urgeschichte« Barths gibt es einen dritten Weg, die Geschichte zu überspringen: der Versuch der existentialen Theologie, die Geschichte auf Geschichtlichkeit, die Verfaßtheit des Einzelnen und die Struktur der Person zu reduzieren und folglich die christliche Erfahrung auf den engen Rahmen der individualistisch-lahmen Authentizitäts- und Freiheitsproblematik einzuschränken. Ein richtiges Verständnis des Verhältnisses von Offenbarung und Geschichte kann nicht umhin, gegen diese Fluchtbewegung anzugehen. Vgl. *W. Pannenberg*, Heilsgeschehen und Geschichte, jetzt in: *ders.*, Grundfragen systematischer Theologie, 22—78.

nicht zu folgen vermag, wenn dieser sich nicht darauf beschränkt, die Natur zu betrachten, sondern sie umformt und »von Grund auf umkehrt«, um das zu finden, was sein Verlangen ihn suchen läßt.
Sicher ist unser Verfasser von einem Verständnis des menschlichen Tuns als Schöpfung, als Produktion im heutigen Verständnis, weit entfernt. Aber in der Tiefe seiner dichterischen Erfahrung ahnt er etwas von diesem menschlichen Phänomen voraus und drückt es im Reichtum jener Bilder aus, die die damalige Arbeitswelt zur Verfügung stellt.
Trotz alledem bleibt er bei seinem demütigen Bekenntnis: Gott weiß um eine Weisheit, um eine »Bedeutung«, die uns weder zu besitzen noch zu erreichen oder zu konstruieren gegeben ist.

## *2.1. Die unableitbare Weisheit Gottes*

Ein Nomadenvolk wie Israel, das als solches außerordentlich arm und wenig kultiviert war, mußte bei seinem Einzug in Kanaan und dem Zusammenstoß mit einer viel stärker entwickelten bäuerlichen Zivilisation etwa das durchmachen, was wir heute als Identitätskrise bezeichnen würden. Den Israeliten blieb nichts anderes übrig, als den »cultural lag«, der sie von den Kanaanäern, geschickten Kaufleuten und feinsinnigen Metallschmieden, trennte, anzuerkennen. Später in Babylon nahmen sie noch stärker Kontakte mit den Weisen und Gelehrten der Antike auf, die begierig sich um alles mögliche Wissen, von der Astrologie bis zu den Forschungsgebieten heutiger Wissenschaft, bemühten.
Und doch spürte Israel intuitiv, daß es, wenn es sich mit diesen Völkern vermischte und sich ihrer Kultur und Lebensauffassung näherte, seine eigene Ursprünglichkeit nicht verlieren durfte! Dunkel erahnte das auserwählte Volk, das von seinen Propheten zu kritischem und genauem Zusehen erzogen war, daß diese Kulturen jenes Leben, das Israel suchte (Bar 3,14), nicht zu geben vermochten. Die Bedeutung des Lebens, die Israel in immer größerer Anspannung entdeckte, war nicht in die Hände der Menschen gegeben, die unfähig blieben, in Wolken und Himmel, Gottes Wohnsitz, hinaufzusteigen, um sich der Weisheit zu bemächtigen (Bar 3,29).
Jene Weisheit, die den Augen Licht geben und durch eine tiefere Einsicht in die Dinge (Bar 3,14) Frieden schenken kann, bleibt nur Gott zugänglich, denn er allein ist der Schöpfer der Welt (Bar 3,22 ff.; Ijob 28,23—27). Zwar können die Weisen dieser Welt und die, die nach Metallen suchen, erkennen, was sie hervorbringen — der Natur bleibt

es verborgen (Ijob 28,7—8) —, aber Gott allein ist der Herr, und er allein vermag die Macht der Weisheit zu wägen (Ijob 28,27). Wenn wir die Aussage des Textes etwas verschärfen, könnten wir fast sagen, daß der Verfasser — im Sinne Vicos — nur demjenigen einräumt, eine Sache zu kennen, der sie zu machen weiß.

Wenn Israel damals gezwungen war, sich unter jene Völker zu mischen, durfte dabei diese Weisheit Gottes, die Gottes Vorliebe ihm kundgetan hatte, doch keinen Schaden leiden. Ausgehend von der Unableitbarkeit dieser religiösen Überlieferung Israels verstehen wir das unterscheidend Eigene dieses Volkes. »Das Eigentümliche des geschichtlichen Israel scheint weder in seiner nomadischen Herkunft zu liegen, die es mit anderen gemeinsam hat, noch in der Landnahme und dem Übergang zum Acker- und Städtebau, die es ebenfalls mit anderen gemeinsam hat, sondern in der Tatsache, die jenen Kampfprozeß hervorruft ...«,[5] durch den Israel kraft der Verheißungserfahrung, die auf seine Geschichte einwirkte und sie zu unverwechselbarer Gestalt prägte, seine eigene Gottesvorstellung und damit auch seine eigene Weltsicht bewahrt und daraus das Fundament seiner eigenen Existenz und seiner Stellung in der Geschichte macht.

Hier ist nicht der Ort aufzuzeigen, was die Exegeten schon seit geraumer Zeit deutlich gemacht haben: Trotz der Ähnlichkeiten und auffälligen Analogien ist der eigentliche Ursprung der israelitischen Religiosität nicht aus den Religionsformen ableitbar, die im Umkreis des auserwählten Volkes lebendig waren.[6] Wichtiger ist der Versuch zu begreifen, wie dieser in seiner Art einmalige Zusammenstoß vor sich gegangen ist und wie es zu dieser geschichtlichen, aus der Geschichte irgendeines anderen Volkes des alten Orients nicht ableitbaren Erfahrung hat kommen können.

### *2.1.1. Die Erfahrung der Neuheit*

Israel lebte nicht steril, nicht in einer völligen Trennung von Welt und Geschichte. Da es immer in der Welt geblieben ist, war ihm die verlockende Macht des Wissens, des menschlichen Tuns und aller Freuden des Daseins nicht unbekannt. Daran zu zweifeln läßt Israels wiederholter Abfall zum Götzendienst kaum zu.

Um uns auf das genannte Beispiel aus dem Ijobbuch zu beschränken:

---

[5] *J. Moltmann,* Theologie der Hoffnung, 87.

[6] Vgl. über die bei *J. Moltmann,* ebd., 85 ff. gesammelten Ergebnisse hinaus die Studie von *H. D. Preuss,* Jahweglaube und Zukunftserwartung, Stuttgart 1968, bes. 210 ff. Zur eschatologischen Erwartung und dem im AT grundlegenden Verheißungsbegriff vgl. den Aufsatz von *W. Zimmerli,* Verheißung und Erfüllung, in: Evangelische Theologie 12 (1952/53), 34—59, bes. 38—40.

Die Frage nach der Andersartigkeit der göttlichen Weisheit »wird nicht sogleich beantwortet. Vielmehr erwägt der Dichter zunächst, welcher Drang den Menschen beseelt, den Dingen auf den Grund zu gehen, und welch großartiger und fast übermenschlicher Leistungen er fähig ist.«[7] Auf jeden Fall bleibt die Erfahrung einer Differenz, einer Diskrepanz, und zwar genau in dem Augenblick, in dem die Großartigkeit menschlichen Planens in den Blick kommt.[8]

Was diese Neuheitserfahrung, dieses Teilhaben in der Differenz ermöglicht hat, kann nur aus einer *Geschichte, die durch die Erinnerung wirksam ist und die selbst ein treues Ausharren hervorruft,* erklärt werden. Israel hat also eine Erwählungsgeschichte erlebt, die, in der Erinnerung beständig neu belebt und neu aktualisiert, es daran gehindert hat, sich der jeweiligen Tagesgeschichte anzugleichen. Gerade kraft der Erinnerung an die Verheißung Gottes hat Israel die Gegenwart auf eine in der Zukunft gelegene größere Möglichkeit hin eröffnet, in der der Reichtum dessen, was in der Erinnerung erlebt wurde, schon jetzt seine Erfüllung finden könnte. Wenn wir Erinnerung sagen, meinen wir die Erinnerung an etwas, was tatsächlich geschehen ist, und nicht etwa die Lektüre unterbrochener Träumereien. Die eschatologische Erwartung Israels ist nicht »aus dem ›edlen Trieb nach Vollendung‹ ... nicht durch die ›Spannung zwischen Ideal und Wirklichkeit‹ und auch nicht durch soziale Umschichtung innerhalb des Volkes«[9] allein zu erklären. Die eschatologische Erwartung ist dem »personalen Eingreifen Gottes selbst«[10] zu verdanken.

Es ist müßig zu fragen, woher Israel die Gewißheit von der Wahrheit dieses Geschehnisses, an das es erinnerte, nahm. Man brauchte es nicht zu beweisen, denn dieses Geschehnis tat seine Wirkung, indem es die Geschichte Israels von der anderer Völker unterschied. Israel wird dieser Erinnerung zu entfliehen versuchen und sich in seiner »Vergessenheit« mit seinen Schmuckstücken und Ringen zieren, um seinen Buhlen nachzulaufen (Hos 2,15). Wer immer in seinem Leben Gott begegnet ist, kann nur dann, wenn er die Erinnerung daran zerstört und eine andere Erinnerung in den Vordergrund drängt, so weit kommen, in der geheimnisvollen Wahl zwischen beiden das treue Aushar-

---

7 *G. Fohrer,* Das Buch Hiob (Kommentar zum Alten Testament), Gütersloh 1963, 396.

8 Soweit es eine Wirklichkeit der eschatologischen Schau gibt, soweit reicht die Wahrnehmung dieser Differenz in der Geschichte: *Th. C. Vriezen,* Profecy and Escatology, in: Congress Volume, Copenhagen 1953 (VTS 1), Leiden 1953, 199—229, bes. 229.

9 *H. D. Preuss,* Jahweglaube, 210.

10 *H. D. Preuss,* Jahweglaube, 213; zitiert Gloege.

ren aufzugeben. Der Verlust der Erinnerung, die Vergessenheit, wird bisweilen geradezu durch eine Periode wirklichen Wohlergehens ermöglicht, die in unserem Leben nur das Eingreifen Gottes zustande bringt. »Ich weidete sie und sie wurden satt; satt geworden, wurde ihr Herz hochmütig, darum vergaßen sie mich« (Hos 13,6). Uns ist also die Möglichkeit gegeben, die Erinnerung Gottes zu »unserer« Erinnerung zu machen und uns das anzueignen, was uns dazu gewährt worden ist, daß wir ihm treu bleiben. Deswegen muß das Volk Zeiten schaffen, in denen es die Erinnerung erneuert und so verhindert, daß die Geschichte ohne Erinnerung gelebt wird. So entsteht der israelitische *Kult,* der in seiner unableitbaren Eigentümlichkeit nicht einen Versuch, sich Gottes zu bemächtigen, sondern vielmehr die *dringende Aufforderung zur* stetigen *Erinnerung* an ihn darstellt, damit unsere Existenz dem Eingreifen Gottes in der beständigen Treue zu dem, was er getan hat und weiterhin tun wird, immer offenstehe: »Wenn ihr in das Land kommt, das Jahwe euch geben wird, wie er verheißen hat, sollt ihr diesen Brauch beobachten. Fragen euch dann eure Kinder: Was bedeutet euch dieser Brauch? dann sollt ihr sagen: Das ist das Paschaopfer für Jahwe, der in Ägypten an den Häusern der Israeliten vorüberging« (Ex 12,25 ff). Es ist klar, daß alles — auch im Bereich der Zeichen, was ja die Eigentümlichkeit des Gottesvolkes ausmacht — nicht zu verstehen ist, ohne diesen »Vorübergang« Gottes, ohne dies sein Eingreifen in die Geschichte, an das man die anderen zu erinnern hat. Die Erinnerung kann nicht rekonstruiert werden, wenn das Geschehen fehlt, auf das man zurückgreifen muß. Die Zeichen werden bedeutungsleer und verfallen dem Formalismus, der immer eine Folge der Vergessenheit ist.

Dasselbe könnte man von der ethischen Verpflichtung Israels sagen. Sie besteht nicht in einem Moralismus oder in der Suche nach einem Vollkommenheitsideal. Sie ist nicht einmal auf einer Ethik oder auf einer bestimmten Wertvorstellung aufgebaut, die das Dasein leitet. *Die ethische Verpflichtung besteht einfachhin in Erinnerung,* und sie schwindet mit dem Schwinden der Erinnerung: »Nimm dich in acht, daß du Jahwe ... nicht vergißt, indem du seine Gebote ... nicht hältst« (Dtn 8,11). Es gibt keine ewigen Werte außerhalb dieser Erinnerung, aber es gibt eine Erinnerung, die den Werten Leben verleiht, die zu ihrer Entdeckung verhilft, sie überwindet und den Forderungen anpaßt, die man immer vor Augen haben muß. Auch die Sünde soll erinnert und präsent gehalten werden: »Denk daran, vergiß es nicht, daß du Jahwe, deinen Gott, in der Wüste zum Zorn gereizt hast« (Dtn 9,7). Wie aus der Erinnerung in Dtn 8,11 hervorgeht, besteht

Sünde gerade in dem Versuch, sich dieser Erinnerung zu entziehen. Die Erinnerung an die Sünde hat also die Funktion, darauf hinzuweisen, daß diese Erinnerung unmöglich ein für allemal festzulegen ist, damit wir dann Geschichte auflösen könnten. Auf der anderen Seite ist es die bewahrte Erinnerung, die Geschichte zu einer immer größeren Geschichte heranwachsen läßt: »Mein Sohn, vergiß meine Lehre nicht, dein Herz bewahre meine Gebote! Dann bringen sie dir langes Leben« (Spr 3,1 f).

Selbst das Großwerden des auserwählten Volkes bei seiner Eigentümlichkeit und Andersartigkeit im Vergleich mit anderen Völkern, die Gott nicht kennen, ist an die Erinnerung geknüpft: »Alle sieben Jahre ... sollst du dieses Gesetz vor Israel laut vorlesen ... Namentlich eure Kinder, die es nicht kennen, sollen es hören und lernen, Jahwe euren Gott, zu fürchten, solange ihr überhaupt in dem Lande lebt, in das ihr, um es in Besitz zu nehmen, über den Jordan zieht« (Dtn 31,10—13; vgl. Dtn 31,19 ff). Die Erinnerung begleitet uns also bei allem, was wir in Besitz nehmen, damit dieser Besitz von der Erfahrung der Neuheit des Herrn umfangen sei.

### *2.1.2. Weisheit und Geschichte*

Schon aus dem bisher Gesagten wird deutlich, daß die von Israel gelebte Neuheit keine Erfahrung für Eingeweihte war. Israels Religion war also keine gnostische Religion. Die Mitteilung der Weisheit Gottes vollzieht sich nicht in geheimen Zirkeln von Inspirierten. Die göttliche Offenbarung ist wirklich »ein Geschehen, in dem Gott als Handelnder in das Bewußtsein der Menschen eintritt. Sowohl als Ganzes wie in jeder ihrer Phasen ist Offenbarung erst dann voll oder ›erfüllt‹, wenn Gottes Plan eine Wirklichkeit in dieser Welt geworden ist.«[11]

Wenn auch die Offenbarung Gottes, seine Weisheit, nicht von der Geschichte ist, so wird sie doch nur in der Geschichte *Wirklichkeit.*

Die Ursprünglichkeit der göttlichen Weisheit und ihrer Wirklichkeit in der Geschichte sind voneinander nicht zu trennen. Nur so kann man erklären, warum man keine vollkommene Entsprechung zu entdecken vermag, die den Sachverhalt zu erhellen vermöchte, daß es auf der einen Seite in der Geschichte Israels eine göttliche Offenbarung gibt[12]

---

[11] *O. A. Piper,* in: Die Religion in Geschichte und Gegenwart IV, 3. Aufl., Sp. 1603. (Die Definition bezieht sich selbstverständlich auf das Neue Testament.)

[12] Die Kraft der Analogie muß negativ in dem Sinne angewandt werden, daß uns die Grenzen der Analogie erlauben, dessen innezuwerden, was unähnlich ist, was auf die allgemeinen Ursachen anderer Fakten nicht rückführbar ist: vgl. *W. Pannenberg,* Heilsgeschehen und Geschichte, 49—54.

und daß andererseits jede Prophetie und jede eschatologische Erwartung Israels ihre Ausgangsbasis allein in der Geschichte haben[13], also einzig in dem, was diese Offenbarung in der Geschichte schon verwirklicht hat als notwendige »Explikation seiner (d. h. Israels) Gottesbegegnung«[14] in der gegenwärtigen Geschichte.

Um den Wirklichkeitscharakter der Offenbarung der göttlichen Weisheit besser zu verstehen, müssen wir klar sehen, daß diese Wirklichkeit nicht einfach das bloße Geschehen (fatto bruto) meint, sondern gleichzeitig eine Verheißung umfaßt, die dem Geschehen eine *inadaequatio* einstiftet und eine Antwort des Menschen mitsetzt, der das Geschehen in seiner inadaequatio annimmt und es zum Ausgangspunkt einer neuen Geschichte macht.

Zäumen wir die Erklärung dieser Aussage von hinten auf! Zur Wirklichkeit der Offenbarung gehört der Glaube derjenigen, die sie empfangen. Der Glaube ist somit ein konstitutives Element der Offenbarung. Schon das erste Credo der Bibel, die erste Aussage von Gott, enthält dieses Element, insofern es eben nur als Glaubensbekenntnis und Credo möglich ist. Darüber hinaus enthält die Formulierung der Offenbarung im Alten Testament häufig den Hinweis auf die Glaubenserkenntnis als dem Zielpunkt und Zweck göttlichen Eingreifens: »Deshalb verkünde den Israeliten: Ich bin Jahwe. Ich werde euch vom Druck der ägyptischen Fron befreien ... Ich will euch zu meinem Volke annehmen. Ich will euer Gott sein und *ihr sollt erfahren,* daß ich Jahwe euer Gott bin, der euch von dem Druck der ägyptischen Fron befreit« (Ex 6,6—7).[15]

Dieses für die Wirklichkeit der Offenbarung konstitutive Glaubensereignis (avvenimento della fede)[16] wird jedenfalls vom bloßen Geschehen nicht abgedeckt. Das, was geschehen ist, deckt sich nie mit dem im Glauben Angenommenen. Diese Differenz zwischen dem fak-

---

13 *Th. C. Vriezen,* Theologie des Alten Testaments in Grundzügen, Neukirchen o. J., 306.

14 *H. D. Preuss,* Jahweglaube, 206.

15 Daß das Erfahren und Erkennen durch den Glauben ein konstitutiver Bestandteil des Offenbarungsereignisses ist, wurde durch W. Zimmerlis Studien zur alttestamentlichen Offenbarung sehr klar bewiesen: *W. Zimmerli,* Gottes Offenbarung. Gesammelte Aufsätze, München 1963.

16 Das Italienische hat für den Sachverhalt »Ereignis« vor allem die beiden Begriffe »fatto« und »avvenimento« (»evento« wird hier selten gebraucht); »fatto« bezeichnet ein Ereignis unter dem Aspekt des Geschehenen: Geschehenes, Geschehnis, Geschehen, Ereignis, Faktum; »avvenimento« mehr unter dem Aspekt des Sichereignens: Geschehen, Ereignis, Sichereignen. Diese Unterscheidung gilt aber nicht ausnahmslos.

tisch Geschehenen und dem im Glauben Angenommenen wird genau vom Wort eröffnet. Es verweist im Geschehnis, im Faktum selbst, über das Geschehene hinaus. Es bewirkt eine Öffnung des Geschehenen auf eine größere Zukunft hin; es bewirkt eine *inadaequatio* zwischen der *res* der Wirklichkeit, die zu erfahren uns gegeben ist, und dem *intellectus,* dem tieferen Verstehen des Glaubens.[17]

Das Wort ist also nicht nur die notwendige Erklärung für die geschichtliche Gegenwärtigkeit des Ereignisses Christentum, es ist auch die Triebfeder dieses Ereignisses, und zwar im Urteil über dessen inadaequatio und in der Verheißung seiner Zukunft in Gott, wodurch das Ereignis gleichzeitig ein Projizieren wird. Der Glaube begnügt sich nicht damit, das Geschehene zur Kenntnis zu nehmen, sondern wird zur Aufgabe, auf der Basis dessen, was schon geschehen ist, die Zukunft einzuholen.[18]

Wort, Geschehenes (fatto) und Glaube bilden also die Struktur der göttlichen Offenbarung. Kraft dieser Struktur ist sie notwendig eschatologisch. Das aber heißt, daß das spätere Geschehen keine einfache Weiterentwicklung des bisherigen Geschehens darstellt.

Wenn Jahwe sein Volk auf seinen Wegen führt, »so bringt die Erreichung des Ziels nicht nur die Bestätigung der Erwartung, sondern — (...) — Korrekturen, Überraschungen, bringt Größeres als das Erhoffte und auch anderes als das Erwartete«.[19]

Ausgehend von der Erfüllung müssen also die vorliegende Verheißung[20]

---

[17] *J. Moltmann,* Theologie der Hoffnung, 91.

[18] Deswegen kann der Glaube nicht allein auf das Wissen um das Geschehene gegründet werden, und es genügt ebensowenig zu sagen, er füge dem historisch rekonstruierbaren Geschehen allein das Vertrauen auf das hinzu, was noch nicht offenbar geworden ist, wie *W. Pannenberg,* Heilsgeschehen und Geschichte, 57—66, zu behaupten scheint. Die Differenz zur verheißenen Zukunft *verändert schon jetzt die Struktur des Geschehenen,* das demzufolge auch rein als Geschehen vom Historiker nicht adäquat rekonstruiert werden kann. Das Wort hat gerade die Aufgabe der Öffnung des bloßen Geschehens. Es wird im Geschehen und niemals außerhalb seiner Anruf zum Gehorsam im Geist.

Man beachte, daß wir hier das biblische »Wort« nicht in einem Sinn verstehen, der dazu führen könnte, es *tout court* dem Ereignis gleichzusetzen, auch wenn das in einem bestimmten Zusammenhang möglich werden kann. Wie *J. Barr,* Bibelexegese und moderne Semantik. Theologische und linguistische Methode in der Bibelwissenschaft, München 1965, 133—43, bewiesen hat, gibt es kein ernstes Argument, das zu dieser Gleichsetzung von Wort und Ereignis führen könnte. Das Wort bleibt eine Komponente des Ereignisses, es ist nicht dessen Äquivalent.

[19] *H. D. Preuss,* Jahweglaube, 207 f. Vgl. *J. Moltmann,* Perspektiven der Theologie, 25—31.

[20] Die Erfüllung kann sogar in einem Zerbrechen dessen bestehen, was erwartet

und die Tatsache interpretiert werden, daß Jahwe sie jetzt schon nicht nur unvollständig, sondern »vielleicht« (weil es uns nicht gewährt ist, uns die »Qualität« der zukünftigen Erfüllung auch nur ausdenken zu können) auf andere Art erfüllt. Soweit wir im Gehorsam nur treu den Weg des Glaubens gehen, können wir einen weiteren Horizont erreichen, der uns die Gegenwart zu erkennen, kritisch zu sehen und zu werten ermöglicht.

*Der Gehorsam ist also die wahre Vermittlung der Totalität.* Die Bedeutung der Geschichte in ihrer Totalität ist nur von der Vollendung her zu erreichen. Das Wissen um die Totalität, das Sichereignen des Ganzen ist also ein eschatologisches Geschehen. Was uns aber dieses eschatologische Geschehen zu vermitteln erlaubt, ist der Gehorsam als die Fähigkeit, die Gegenwart zu lassen und in die Vollendung der »neuen Schöpfung« hineinzunehmen, die in uns mit dem Ereignis Gottes anbricht. Nur der Gehorsam erlaubt uns, die Kraft des Geschehenen zu brechen, weil die Gegenwart von sich aus unfähig ist, die Zukunft hervorzubringen, ohne daß diese zu einer reinen Weiterentwicklung des Vergangenen wird, sondern die immer neue Ankunft der Verheißung in einer unablässigen Erneuerung der ersten Schöpfung. Es gilt also, etwas als möglich anzunehmen, das wir uns selbst nicht zu verschaffen vermögen; das kann nur im Gehorsam geschehen.

*Die Erinnerung macht den Gehorsam möglich.* Tatsächlich kann uns nur die Erinnerung daran, was Gott selbst getan hat, die Möglichkeit geben, zu hoffen, daß Gott seine Verheißung in uns zur Wirkung bringt. Die Totalität ereignet sich (nicht: vollendet sich) im Gehorsam, den die Erinnerung möglich gemacht hat. Deswegen sagten wir zuvor, die Geschichte rufe in der Erinnerung eine Treue zu sich selbst hervor. Das besagt nichts anderes, als daß sich die Geschichte in dem von der Erinnerung hervorgerufenen Gehorsam immer auf ihre Zukunft hin öffnet oder daß die Geschichte nur einen Weg zur Vermittlung der Totalität kennt, damit diese sich auf immer neue Weise ereignen kann: den Gehorsam.

Aber es gilt nicht nur, daß die Erinnerung den Gehorsam ermöglicht. In einem anderen Sinn, der diesmal nicht mehr von der Geschichte zum Subjekt geht, sondern vom Subjekt zur Geschichte, ist es ebenso

---

wurde, und gerade so eine wahre Vollendung sein, weil sich gerade im Zerbrechen die wahre Bedeutung des Erhofften enthüllt. Vgl. die Beobachtungen von *W. Zimmerli,* Verheißung und Erfüllung, 56, über die Art, in der die Geschichte und die Hoffnung Israels im Neuen Testament wirklich zerbrochen und doch gerade im Zerbrechen vollendet wird.

wahr, daß der *Gehorsam die Erinnerung begründet* (fondare). In dem Maße, in dem das erlebte Geschehen nicht als in sich selbst geschlossen angenommen wird, in dem Maße also, in dem der Mensch sich dem Verheißungswort öffnet, das im Geschehenen über das Geschehene hinausgeht, wird das Geschehene als nicht vollendet, als mit einer noch nicht erreichten Zukunft ausgestattet betrachtet.

Der Glaubensgehorsam, der bereit ist mit dem Geschehenen über das Geschehene selbst hinauszugehen, bringt daher die Forderung mit sich, dieses Geschehnis zu überliefern und den anderen in Erinnerung zu rufen, damit die Zukunft dieses Geschehnisses sich immer mehr ausweite. Der Gehorsam begründet also die Erinnerung als eine Öffnung des Geschehnisses auf eine immer größere Teilnahme an der von Gott verheißenen Zukunft hin.

*Die im Gehorsam begründete Erinnerung wird daher zur Mission.*[21] Die Mission besteht im gehorsamen auf die Erinnerung zurückgehenden Wachstum des Geschehnisses (fatto), durch das Gott die Geschichte rettet.

In der dem Gehorsam entspringenden Mission läßt Gott sein Heil fortgesetzt wirksam werden und der Welt *seinen* Frieden, *seine* Gerechtigkeit und *seine Freiheit* zukommen. Es ist ein Friede, den diejenigen gegenwärtig werden lassen, die seiner Verheißung gehorchen. Es ist ein Friede, den Gott Jerusalem verheißen hat und in Jerusalem gegenwärtig werden läßt, damit durch ihn alle in die Krisis gestürzt und von der Gewalt dieses Friedens, den Gott Jerusalem bereitet hat, erschüttert werden (Jer 33,9).

Durch diesen Gottesfrieden, den sein Volk in der Geschichte gegenwärtig werden läßt — ein fruchtbarer und berauschender Friede —, wird es möglich, Gott zu erkennen. Gott wird als derjenige erkannt, der in Treue zu seinen Verheißungen steht. Die Treue Gottes, die im Gehorsam seines Volkes präsent wird, ist das einzige, was wir in der Geschichte von Gott erkennen können. Er »bewahrt seine Treue auf ewig« (Ps 146,6), schafft den Unterdrückten Gerechtigkeit, spendet sein Brot den Hungernden und schenkt seine Freiheit den Gefangenen (Ps 146,7). »Indem er seine Treue geschichtlich beweist, offenbart er sich selbst.«[22]

---

[21] Analog begründet *W. Kasper,* Glaube und Geschichte, 259—274, die Notwendigkeit der Mission als einen der Welt angebotenen Heilsdienst. Er setzt die Mission im eschatologischen Horizont der Verheißung als Erinnerung an, die das Heilswerk Christi gegenwärtig werden läßt und so die von ihm erwirkte Versöhnung vorausnimmt.

[22] *J. Moltmann,* Theologie der Hoffnung, 5.

## *2.2. Christus: Gottes Weisheit*

Sowie das Alte erkennt auch das Neue Testament einzig Gott den Besitz der Weisheit zu (Röm 16,27; 1 Kor 1,25; Offb 7,12). Das Neue Testament insistiert jedoch nicht allzu sehr auf der Hypostasierung der Weisheit, sondern identifiziert sie eher formell mit dem gekreuzigten und auferstandenen Christus. Dieser ist Gottes Weisheit (1 Kor 1,24). In ihrer christologischen Interpretation der gesamten vergangenen Heilsgeschichte integriert die neutestamentliche Theologie die Elemente der Weisheitstradition im Bild Christi.[23] Er ist für uns Gottes Weisheit geworden, ja sogar Weisheit aus Gott (1 Kor 1,30). Er hat nicht nur im Namen der Weisheit, sondern als Gottes Weisheit in Person gesprochen.[24] Von welcher Bedeutung sind diese Sätze konkret?

### *2.2.1. Weisheit als Christusereignis*

Seitdem das Neue Testament Christus mit der Weisheit Gottes formell identifiziert hat, ist die Hypostasierung und die Abstrahierung der Weisheit von der Geschichte endgültig unmöglich geworden. Geschichte kann nicht mehr auf eine Idee oder einen Begriff eingeengt werden, der notwendig ist, um die Wirklichkeit anders denken oder vielleicht gar kritisieren zu können. Die Weisheit der Geschichte ist die Geschichte einer ganz bestimmten Person, nämlich des gekreuzigten und auferstandenen Christus, ist Christus selbst, als der für uns gestorbene und zur Rechten des Vaters sitzende Herr aller Welt. Die letzte Bedeutung der Geschichte ist also keine unbestimmte Hoffnung auf eine umfassende Versöhnung der Dinge oder die beliebige Erinnerung an ein einzelnes oder eine Gruppe betreffendes Geschehnis. Eine unbestimmte Hoffnung oder die bloße Erinnerung einer Vergangenheit, die nicht »anders« ist und gleichzeitig als Determinante gehört wird, sind als solche unfähig, zur kritischen Kraft der Gegenwart zu werden. Auch wenn man annimmt, daß das Resultat der Kritik die »bestimmte Negation« ist, die nicht etwa logische, sondern tatsächliche Überwindung eines Bewußtseinsstandes, der auch als überwundener das jeweilige Resultat bestimmt,[25] bleibt festzulegen, wie der Negationsprozeß bestimmt werden kann und

---

[23] *R. Feuillet,* Le Christ Sagesse de Dieu, Paris 1966.

[24] *F. Christ,* Jesus Sophia. Die Sophia-Christologie bei den Synoptikern, Zürich 1970, bes. 136 ff., 156 f.

[25] Zu dem von Hegel inspirierten Begriff der bestimmten Negation vgl. *J. Habermas,* Erkenntnis und Interesse, Frankfurt 1968, 28.

nicht dem bloßen Spiel der geschichtlichen Faktoren und Kräfte überlassen bleibt. Es reicht aber nicht zu sagen, die kritische Negation werde von dem »bestimmt«, was negiert wird. So löst sich die Bestimmung in ein logisches oder höchstens ontisches Phänomen auf. Wenn die Bestimmung der Negation einen wirklichen »Fortschritt« darstellen soll, in dem theoretische und praktische Vernunft eins werden,[26] schließt das notwendig ein, daß die Werte, in deren Namen sich die praktische Vernunft der eigenen Freiheit erfreut, als die »Determinanten« angenommen werden, die auf theoretischer und praktischer Ebene den Wirklichkeitsprozeß bestimmen.

Wenn also das Neue Testament das Auftreten Jesu von Nazaret mit der Weisheit des Vaters identifiziert, wird die Flucht ins Unbestimmte, sei es vergangen oder zukünftig, einschlußweise verunmöglicht; ja noch mehr: auch die Flucht in ein Bestimmtes, das nicht ganzheitlich »bestimmend« ist, wird unmöglich, jedenfalls dann, wenn sich die kritische Befreiung des Menschen nicht in ein narzißtisches Spiel subjektiver Freiheit oder in den blinden Lauf der geschichtlichen Kräfte auflösen soll, die sich jedem Urteil entziehen, das nicht *a posteriori* gefällt wird.

Jesus von Nazaret, der seine Existenz *in* deren Hingabe an die Brüder dem Vater übergeben hat, ist derjenige, den Gott erhöht hat, damit die ganze Geschichte vor diesem Geschehnis ihre Knie beuge (Phil 2, 6—11).

Gerade dies die *Knie-Beugen* vor dem Geschehnis, der Gehorsam, bewahrt uns vor einer zweifachen Gefahr.

Zunächst bewahrt uns der Gehorsam vor dem »Formalismus« der Freiheit, vor der »Unbestimmtheit« der Kritik und der »Blindheit« der Geschichte. Zum anderen verhindert der Gehorsam, eben weil er Gehorsam ist, uns mit dem Geschehnis, dem wir gehorchen, zu identifizieren. Wir könnten Gefahr laufen, vor der Gegenwart zu fliehen, die in uns ist und die wir selbst sind, indem wir uns mit einem kritischen Geschehnis der Gegenwart identifizieren, wodurch die Gegenwart *außerhalb* unserer selbst verbleibt, statt *in* uns.

Sie vollzieht sich ja in einer Bewegung, die Anbetung und Gehen *mit* und *in* der Geschichte ist. Der Gehorsam bietet uns also die Gewähr, Kritik und Befreiung der Geschichte von der Kritik und der Befreiung unserer selbst zu trennen; er garantiert, daß wir *»Erlöste«* bleiben und uns daher nicht als unschuldige Retter und Befreier der Geschichte aufführen können.

---

[26] Ebd.

Die von der christlichen Hoffnung erweckte Erinnerung und Hoffnung unterscheiden sich deshalb von der Geschichtlichkeit und Traditionsgebundenheit der Erkenntnis,[27] weil sie Geschichtlichkeit und Traditionsgebundenheit nicht allein als formale Bedingung für Erkenntnis und Praxis ansetzen, sondern dieser Form einen Inhalt geben, der größer ist als diese Form und dem diese in letzter Instanz gehorchen muß: Jesus Christus.

Denn Jesus Christus ist nicht mit Geschichtlichkeit und Traditionalität gleichzusetzen, auch wenn er nie außerhalb ihrer steht; deswegen kann er zu ihrer Norm werden. Er kann zur Quelle echter Kritik an der historizistischen Verabsolutierung konservativer wie progressistischer Machart werden. Erinnerung und Hoffnung lassen sich auch nicht mit der »Sache« des Christentums (dem »fatto« cristiano, dem Geschehnis, Ereignis oder Faktum, von dem sich das Christentum herleitet) als solcher gleichsetzen und verhindern damit, daß die Sache zur Ideologie und Projektion unserer Interessen wird. Erinnerung und Hoffnung können diese Gleichsetzung in dem Maße vermeiden, als sie ein von der Sache selbst gestifteter Gehorsam sind und nicht etwa die Aneignung der Sache darstellen. Wir können immer nur die *Verantwortlichen* der christlichen Sache sein, nie deren Akteure.

Wie ist zu verhindern, daß diese Aussage, auch in der Überwindung des Formalismus, nicht selbst formal und sinn-los, ja gerade in der Absage an eine mögliche Verfälschung (mistificazione) selbst zur Verfälschung wird? Wir behandeln diese Frage ausführlicher im dritten Teil, wo wir die Falsifizierbarkeit des Glaubens erörtern. Hier beschränken wir uns auf zwei Dinge. Zum ersten hat sich die Kirche nicht mit der bloßen Forderung begnügt, das Geschehnis transzendiere dessen historische Erfahrung, sondern hat mit der Kanonbildung, die einen Akt des Gehorsams darstellt,[28] gleichzeitig den ge-

---

27 Vgl. beispielsweise *Th. W. Adorno,* Negative Dialektik, Frankfurt 1970, 61 bis 62; auch *H.-G. Gadamer,* der nicht mit dem gleichen Nachdruck wie Adorno das Motiv der Kritik aus der Tradition heraus betont, überwindet die Ebene der rein »formalen« Behauptung nicht: Wahrheit und Methode, Tübingen ²1965, 250 ff. Ist das ein Zeichen einer unübersteigbaren Grenze jeglicher philosophischen Reflexion?

28 Das bleibt der gut begründete Teil der These *Karl Barths* (Die Kirchliche Dogmatik I, 1, Zürich ⁸1964, 109—13), der in der Anerkennung des Kanons ein *Ereignis* sieht, in dem das Wort Gottes *sich der Kirche aufnötigt,* die deswegen durch die Überlieferung des Wortes begründet bleibt und nicht ihrerseits selbst die Überlieferung begründet. Das haben wir mit unserer Aussage gemeint, die Kirche vollziehe mit der Festlegung des Kanons einen Gehorsamsakt. So sind aber noch nicht alle Probleme gelöst. Die Kirche muß allen innerhalb und außerhalb der Kirche Stehenden, die sich nach dem Grund ihrer Hoffnung fragen

nauen Bezugspunkt angegeben, an dem sie sich immer zu messen hat, um so die Möglichkeit zur Vermeidung einer verfälschenden Auslegung sicherzustellen. Die kirchliche Anerkennung des biblischen Kanons setzt natürlich die Annahme der Inspiration voraus. Ebensowenig konnte die Kirche umhin, auch einige Grundregeln für die Auslegung objektiv festzulegen. Aber all das kann und muß in der Kirche immer ein Akt des Gehorsams und das Annehmen eines Urteils bleiben.

In Ergänzung zum Vorhergehenden ist als zweites zu sagen, daß niemand der Kirche ihre Sündlosigkeit verbürgt. Dann aber sind wir wieder bei dem *geschichtlichen* Kriterium echten Gehorsams, das Jesus den Jüngern, die treu bleiben würden, voraussagte: die Unmöglichkeit, daß die Geschichte ihren Glauben integriere. Denn sie sind nicht *von* der Welt (Joh 15,18—25). Mit anderen Worten: die »Neuheit« ist das Kriterium echten Gehorsams. Einzig das, was uns gegenüber, auch wenn es im Gehorsam zu unserer Sache wird, immer »neu« bleibt, kann dem Ideologievorwurf, der dem Glauben gemacht wird, entrinnen. So mißt also die Geschichte *in der Wirklichkeit einer Frucht, die nicht die Frucht der Geschichte ist,* die Echtheit des Propheten (Mt 7,21—29). Die durch den Glauben bewahrte Fähigkeit zum Urteil in und über die Geschichte, in und über uns und in und über die Kirche ist es, die diese Echtheit des Gehorsams verbürgt; und der Glaube besitzt die Kraft, Dinge zu tun, die die Geschichte nicht zu vollbringen weiß; und dieses Vermögen macht den Glaubensgehorsam der Geschichte glaubwürdig.

Wir sollen uns also gegenüber dem Ideologievorwurf nicht in formvollendeter theoretischer Widerlegung verschließen, sondern viel eher schlichtweg Zeugnis ablegen für den Gehorsam in der Geschichte.

In diesem Sinne, aber nur in diesem, hatte Lessing recht, als er die Glaubenserfahrung in der Geschichte und nicht in der Vernunft mit

---

(1 Petr 3,15), Rechenschaft ablegen *(Apologie).* Sie darf sich also nicht nur auf ein Wortereignis berufen, das sie begründet, sondern sie muß in den unvermeidbar vielfältigen Interpretationen des Ereignisses versuchen, über den bloßen Text des Kanons hinaus weitere Kriterien zu liefern. Es werden Kriterien des *Gehorsams* sein, aber sie sind nicht auf den Kanon als solchen reduzierbar. Wir gehen das Problem gründlicher im dritten Teil an, wo wir von dem Falsifikationsproblem sprechen. Das hier Gesagte bleibt also lediglich eine erste Skizze. Zur Diskussion um die Bedeutung des Kanons für die Kirche, vor allem unter dem Blickwinkel des protestantischen Prinzips *sola scriptura* und seine Problematik vgl. *E. Käsemann* (Hrsg.), Das Neue Testament als Kanon, Göttingen 1970.

ihren unveränderlichen Wahrheiten ansetzte.[29] Unrecht hatte er mit dem Gedanken, in der Geschichte gebe es keinen Zugang zum Absoluten. Letztlich blieb er in einem gewissen aufklärerischen, dogmatischen Rationalismus gefangen, für den nur ein rationales Bedenken des Wirklichen dessen notwendige und absolute Dimension zu erfassen vermag. Es gibt keine Vermittlung der Totalität außerhalb des Gehorsams, und dieser vollzieht sich immer in Geschichte.

Die Theologie hat oft versucht, sich dem lessingschen Dilemma (entweder ist der Glaube geschichtlich und dann kontingent, oder es bleibt nichts anderes, als sich auf die absolute Notwendigkeit der Vernunft zu stützen; diese aber stützt sich nicht auf ein Geschehnis) zu entziehen, indem sie den Wissenschaften die Aufgabe überließ, den Erweis für die Richtigkeit ihrer jeweiligen Anschauungen zu erbringen (oder sie wenigstens einer andauernden Verifizierung zu unterziehen) und sich für sich selbst auf das »*Verstehen*« einer Bedeutung zurückzog; faktisch umgeht sie so den Zusammenstoß mit der Wirklichkeit und verschließt sich in der scheinbaren Absolutheit der Erfahrung. Da braucht man sich über den Vorwurf, die Theologie nehme die Lehre von der doppelten Wahrheit wieder auf[30], nicht zu wundern.

Der Ausweg aus diesem Dilemma liegt jedenfalls nicht in der Rückkehr zu dem nunmehr verlassenen Pol der Alternative als vielmehr

---

[29] Der Gedanke Lessings ist nicht allen Autoren gleich klar. Schon *Helmut Thielicke,* Offenbarung, Vernunft und Existenz. Studien zur Religionsphilosophie Lessings, Gütersloh ⁴1957, hatte eine Interpretation vorgelegt, in der die geschichtliche Offenbarung wieder aufgewertet wurde. Neuerdings unterstreicht *W. Oelmüller,* Die unbefriedigte Aufklärung, Frankfurt 1969, die Kraft, die nach Lessing dem Urteil der konkreten Vernunft zukommt. Wir zitieren Lessing nach der üblichen Interpretation, für die er der typische Vertreter einer Alternative zwischen der von der absoluten Vernunft gewährten Sicherheit und der Relativität eines an die geschichtliche Erkenntnis zurückgebundenen Urteils ist. Diese (unserer Meinung nach falsche) Alternative stellt eines jener Probleme dar, die es lohnten, für die Theologie bis auf den Grund geklärt zu werden. Sie kehrt häufig unter anderem Deckmantel, z. B. in dem Streit zwischen exakten Wissenschaften und Humanwissenschaft, wieder auf. Nur nebenbei weisen wir darauf hin, daß *Augustinus* einer der ersten war, der innerhalb des christlichen Denkens die Einsehbarkeit der Geschichte aufhob: »Credibilia tria sunt genera. Alia sunt quae semper creduntur et numquam intelliguntur: sicut et omnis historia, temporalia et humana gesta percurrens ...« (De diversis quaestionibus LXXXIII, Quaest. XLVIII: Migne PL, t. 40, col. 31).

[30] So beispielsweise *H. Albert,* Traktat über kritische Vernunft, Tübingen ²1969, 104—130, der aber weit davon entfernt bleibt, eine wirklich von Droysen abweichende Perspektive erahnen zu lassen, der zwischen dem *Erklären* der exakten Wissenschaften und dem *Verstehen* der Geisteswissenschaften unterschied.

in der Einsicht, daß es sich außerhalb der Alternative anzusiedeln gilt. Nur in der Geschichte — Geschichte hier als im »Geschehnis« (»fatto«) Geschichte »machen« (fare) verstanden, und zwar im Geschehnis, das zu machen der Geschichte nicht gewährt ist — erweist die Glaubenserfahrung ihre Glaubwürdigkeit. Diese Glaubwürdigkeit überzeugt nicht immer, aber sie wird zum Stein des Anstoßes und der Entscheidung, zur Liebe für die einen und zum Haß für die anderen.

Die Frage nach der Glaubwürdigkeit des Glaubens wieder in die Geschichte und damit in das konkrete Handeln zurückzuverlegen heißt nicht, ihrer Lösung auszuweichen oder einer bedrängenden und hinderlichen Frage zu entgehen.[31] Es heißt dagegen, die Antwort wieder an den richtigen Platz zu stellen und *sie als Aufgabe und nicht als Lösung zu kennzeichnen.* Aber gerade darin liegt die Eigentümlichkeit der Identifizierung der Gottesweisheit mit dem konkreten Christusereignis.

### *2.2.2. Weisheit und Gemeinschaft*

Christus ist Gottes Weisheit und letzte Bedeutung der Geschichte, weil sie dazu bestimmt ist, in ihn zusammengefaßt zu werden (Eph 1,10), so daß alle Dinge in ihm versöhnt werden. Im Kreuz hat Christus jegliche Trennung beseitigt. Er ist unser Friede, insofern er mit seinem Blut die getrennten Menschen eins gemacht hat (Eph 2,14). Er schenkt der Welt seinen Frieden; er ist selbst dieser Friede, wenn er in gläubiger Nachfolge in der Geschichte gegenwärtig wird: Die Trennung zwischen Juden und Heiden hebt er auf, alle Mauern des Hasses reißt er nieder und verkündet den Fernen wie den Nahen den Frieden (Eph 2,13—17), so daß alle in seinem Geist Zugang zum Vater haben (Eph 2,18). Im Unterschied zu jener Weisheit, die die Welt sucht, ist diese Weisheit (sapienza) Gemeinschaft mit Gott und den Brüdern; man empfängt sie in der Torheit des Kreuzes und nicht in der Setzung selbstherrlicher Geschichtsweisheit (saggezza della storia). Während deswegen »die Juden Zeichen fordern und die Griechen Wissen suchen, predigen wir Christus, den Gekreuzigten« (1 Kor 1,22 f). Jetzt ist die Zeit gekommen, um den Sieg Christi zu

---

[31] *H. Albert,* Traktat, bestätigt zutreffend, daß sich auch der Glaube nicht einer kritischen Überprüfung entziehen kann. Für je wichtiger eine Wahrheit gehalten wird, desto gründlicher muß sie überprüft werden (ebd. 113). Aber das heißt noch nicht, daß die Überprüfung von einer wissenschaftlichen Theorie durchgeführt werden muß, auch wenn die Theorie nützlich und notwendig sein kann, um die Wirklichkeit der Überprüfung festzustellen.

bestätigen, den Sieg über die Mächte, die wider das Kreuz stehen und für den Tod in der Welt verantwortlich sind. Daher liegt das Geheimnis der Gemeinschaft, die Weisheit Gottes in Jesus Christus, jetzt mit den Mächten bis zum endgültigen Sieg in Streit, bis daß Christus dem Vater seine Herrschaft übergibt, damit Gott alles in allem und die Gemeinschaft so vollendet sei (1 Kor 15,24—28). Die Weisheit für die Geschichte ist etwas ganz anderes als die Methoden zur »Abrechnung«, die sich die Geschichte auf ihrer Suche nach Gerechtigkeit auszudenken vermag. Die Gemeinschaft, die Gott schenkt, schafft eine Gemeinschaft zwischen den Menschen, die höher steht als jede gleiche und gerechte Güterverteilung. Der Christ kann also aus der Weisheit, die ihm die Christusbegegnung schenkt, weder Wissen noch Kraft schöpfen, um bei der »Abrechnung« einen größeren Anteil herauszuschlagen! Dem, der ihn bat, einen Erbstreit zu schlichten, entgegnete Jesus: »Mensch, wer hat mich zum Richter oder Erbteiler über euch bestellt?« (Lk 12,14). Christus trennt tatsächlich nichts und niemanden, denn er ist gekommen, eine Weisheit zu bringen, die die Negation der Trennung ist.
»Es muß jedem, der das Neue Testament auch nur oberflächlich liest, auffallen, daß hier diese Welt der Entzweiung, des Konflikts, der ethischen Problematik wie versunken ist. Nicht der Zerfall des Menschen mit Gott, mit den Menschen, mit den Dingen, mit sich, sondern die wiedergefundene Einheit, die Versöhnung ist der Grund, von dem aus gesprochen wird . . .«[32]
Deswegen bedeutet christliche Weisheit kein qualitativ besseres Wissen um Gut und Böse, das die Geschichte von sich aus zu erkennen vermag. Während die Erkenntnis von Gut und Böse die erklärte Absicht jedweden ethischen Nachdenkens und jeglicher Weltanschauung zu sein scheint, die eigene Selbsterfahrung herausgearbeitet hat, und während es jeglicher Metaphysik, die letztlich nach der Erfassung der ewigen Seinsgesetze trachtet, um dasselbe Ziel geht, ist christliche Weisheit nicht etwa ein tieferes Wissen um Gut und Böse, sondern die Kraft, aus Tod und Auferstehung Christi alle Dinge miteinander zu versöhnen. Christliche Weisheit und menschliche Einsicht in die Geschichte unterscheiden sich nicht quantitativ, sondern es handelt sich um zwei im Kern verschiedene Größen, sie unterscheiden sich qualitativ. Christliche Weisheit kann das Wissen um Gut und Böse, das die Geschichte auf der mühevollen Suche nach eigenem Sinn von Mal zu Mal erarbeitet, keineswegs als nutzlos an-

---

[32] *D. Bonhoeffer,* Ethik, 29.

sehen. Gottes Weisheit kann in der Tat nicht darauf verzichten, auch dieses Wissen aufzunehmen. Die Redaktionsgeschichte des Dekalogs im Alten Testament zeigt beispielhaft auf, wie das Gottesgeschehen eine Ethik der menschlichen Beziehungen, die für jede geschichtliche Epoche eine eigene ist, aufnimmt und umformt.
Aber christliche Weisheit, das heißt die dem Menschen im Christusgeschehen mitgeteilte Gemeinschaft mit Gott, ist nicht auf ein Wissen rückführbar (denn es ist der Sieg eines Geschehnisses [fatto], das sich in der Geschichte behauptet); christliche Weisheit ist in einer ganz anderen Richtung zu suchen (nämlich der Versöhnung, die Gott, der Ursprung aller Dinge, erwirkt): »So wie die Pharisäer nicht anders können, als Jesus vor Konfliktsituationen zu stellen, so kann Jesus nicht anders, als eben diese Situation nicht zu akzeptieren. Wie die Frage und die Versuchung der Pharisäer aus der Entzweiung des Wissens um Gut und Böse kommt, so kommt die Antwort Jesu aus der Einheit mit Gott, mit dem Ursprung, aus der überwundenen Entzweiung des Menschen mit Gott. Die Pharisäer und Jesus sprechen von völlig *verschiedenen Ebenen*. Darum gehen ihre Worte so seltsam aneinander vorbei, darum erscheinen die Antworten Jesu gar nicht als Antworten, sondern als eigene Angriffe gegen die Pharisäer, die sie auch in der Tat sind.« [33]
Christliche Weisheit ist also unmöglich auf die Wissenschaftlichkeit einer Darlegung oder die Tiefe metaphysischen Denkens, auf eine ästhetische Intuition oder irgendeine andere Sache rückführbar, obgleich die christliche Weisheit jedoch nie auf diese verzichtet. Sie steht hoch über allem als ein Geschehen oder Ereignis, das nicht unser Geschehen ist und das nur im Gehorsam zu unserem werden kann, so wie sie auch ein Ereignis und ein Sieg gewesen ist, der im Gehorsam errungen wurde (Phil 7,8—9).
Die Existenz dieses Ereignisses ermöglicht das dialektische Aufnehmen der Wissenschaftlichkeit einer Darlegung, die Konzipierung eines geschichtlichen und gesellschaftlichen Programms in Begegnung und Auseinandersetzung mit den verschiedenen Programmen, die das Wissen der Geschichte um sich selbst erarbeitet hat; sie ermöglicht die phantasievolle Verwirklichung einer auf vorgefertigte strenge Schemata nicht rückführbaren Existenz.
Die Totalität der Geschichte, wie sie im Glauben verstanden werden kann, ist nur in der Wirklichkeit eines »Geschehnisses« möglich, das sich als fähig erweist, allen anderen Geschehnissen, die die menschliche

---

[33] *D. Bonhoeffer*, Ethik, 31 (Hervorhebung durch den Verfasser).

Geschichte bestimmen und ausmachen, Bedeutung und Einheit zu verleihen. Die Totalität ist nicht eine größere Vollkommenheit der menschlichen Geschichte oder ihrer Bedeutungskomponenten, die womöglich in einer Überbietung der eigenen Möglichkeiten erreicht wird; die Totalität der Geschichte kann christlich gesehen nur in der Fähigkeit des Geschehens gegeben sein, sich in der Komplexität der geschichtlichen und menschlichen Strukturen von sich selbst her und nicht etwa als Funktion einer davon verschiedenen Bedeutung zu vermitteln.
Wir könnten also sagen, wer im Gehorsam die Verantwortung christlicher Weisheit auf sich nimmt, hat kraft dieser seiner Verantwortung nicht die Aufgabe, zunächst (wenn er es tut, um so besser) die interpretativen und operativen Modelle der bürgerlichen Gesellschaft oder auch die diesbezüglichen kritischen Modelle zu entwerfen, die immer auf einer autonomen Logik der Geschichte basieren. Wenn er die Entwicklungsgesetze der bürgerlichen Gesellschaft und der Geschichte beurteilt, tut er das aus der — gelebten — Versöhnung Christi und aus der Einheit mit Gott heraus. Der Christ bringt kein neues Wissen um Gut und Böse in die Welt, sondern stiftet etwas, das einer viel ursprünglicheren Schicht zugehört, in der das geschichtlich erworbene Wissen um Gut und Böse sich auf seine letzte Wurzel zurückgeführt sieht, auf die Einheit, die Gott selbst ist und die nur er stiften kann.

## *2.3. Die Kirche* als Wohnsitz der Weisheit Gottes*

Dank der Erwählung Israels, das Gottes Weisheit erkannt und erfahren hat, was Gott in der Geschichte tut (Bar 3,37—38), wohnt Gottes Weisheit mitten unter den Menschen.
Die Weisheit hat so ihr *Zelt* in Israel (Weish 24,8).

---

* Mit Kirche meinen wir hier die *einzelne Gemeinde,* die im Glaubensgehorsam gegenüber der christlichen Sache ihre Verantwortung für diese in einer bestimmten *historischen Situation* bezeugt, und zwar in der Vielfalt der Charismen und *wesentlichen* Dienste, die sich vor allem aus der Eucharistie ergeben *(costituiti* dall'eucaristia). Die so verstandene Kirche ist zunächst nicht die Diözese, die gegenwärtig schon selbst zur Gemeinschaft zwischen Kirchen geworden ist, die die Autorität eines *episkopos* anerkennen.
Das jüngste Konzil versteht die Ortskirche im allgemeinen anders; durch die Hervorhebung des Bischofsamtes neigt es dazu, Ortskirche und Diözese miteinander gleichzusetzen. Wenn das Konzil das Augenmerk außer auf die Bischofsautorität hauptsächlich auf die Eucharistie richtet, so zeigt es die Tendenz, die Ortskirche kurzerhand mit der um die Eucharistiefeier versammelten Gemeinde

Die Kirche, das neue Israel, machte die Erfahrung dieser Weisheit Gottes, da sie das Geheimnis der Versöhnung im Blut Christi erkannte. Diese Weisheitserfahrung wird nicht nur einigen spirituell besonders begabten Menschen (»spirituali«) gewährt, denn nunmehr sind in der Kirche alle »Geisterfüllte« (»spirituali«), weil sie die Gabe des Geistes empfangen haben (1 Kor 2,12ff.). Aber nicht nur das: Der Geist konkretisiert sich in einer sichtbaren Wirklichkeit, denn in der Kirche haben sich die miteinander ausgesöhnt, die von sich her getrennt waren, Juden und Heiden (Eph 2,16ff.). Wenn also die Kirche der Welt die Erkenntnis der Weisheit Gottes ermöglicht (Eph 3,10), vergegenwärtigt sie in der Tat das Geheimnis der Versöhnung, jenes Geheimnis, das den Aposteln, den Propheten (Eph 3,5) und schließlich Paulus selbst kund ward, der berufen ist, eine Frohbotschaft der Versöhnung zu verkünden, die zwei getrennte Völker zu einen vermag.

### *2.3.1. Das Leben in der Gemeinschaft*

Das durch Jesus von Nazaret am Kreuz gewirkte, als umfassende Bestimmung der Geschichte, als Totalität ihrer *konkreten* Bedeutung (in einem Anwachsen, das die *Kon-kretion [concrezione]* ist) durch die Auferstehung dieses Jesus von den Toten geoffenbarte Geheimnis der Gottesweisheit wohnt also wie in einem Zelt unter den Menschen, wenn die Kirche die *Gemeinschaft,* die Neuheit des menschlichen in Christus versöhnten Lebens stiftet.

Die Gemeinschaft *(koinonia)*[34] ist aber nicht etwas, worüber wir außerhalb des Gehorsams verfügen können. Sie ist vom Geist geschenkt (2 Kor 13,13; vgl. Phil 2,2), der uns mit dem auferstande-

---

gleichzusetzen: Lumen Gentium 26; vgl. *W. Kasper,* Glaube und Geschichte, 280. Unser Wortgebrauch ist durch die ursprüngliche neutestamentliche Ausdrucksweise gerechtfertigt, die unter *ekklesia* die Kirche versteht, wie sie an den verschiedenen Orten der Erde, vor allem in der eucharistischen Versammlung sichtbar wird: *K. L. Schmidt, Ekklesia,* in: Theologisches Wörterbuch zum Neuen Testament, Bd. III, 502ff.

Die Notwendigkeit, die Kirche von der zur Eucharistiefeier versammelten Gemeinde her zu verstehen, ergibt sich aus der Tatsache, daß die Eucharistie der richtige Ort ist, um von dort her alle Eigenarten und Unterschiede in Auffassungen und Bildern von Kirche wieder zu vereinen. So sah die Perspektive der Väter aus, und sie allein ist in der Lage, die verschiedenen Akzentuierungen der Kirche im Neuen Testament zu vereinen (*J. Ratzinger,* Das neue Volk Gottes, Düsseldorf ²1970, 75—89).

[34] Der Begriff kommt im Neuen Testament 19mal vor. Wir beschränken uns hier auf die Stellen, die sich auf die Erfahrung der Gemeinschaft in der Kirche beziehen.

nen Christus vereint, indem er in uns eine neue Existenz, die Existenz in der tieferen Gemeinschaft mit dem Herrn, aufrichtet: »Wer dem Herrn anhängt, der ist ein Geist (mit ihm)« (1 Kor 6,17).
Ohne diese Gemeinschaft mit Christus kann man nicht von christlicher Gemeinschaft, von Kirche sprechen. Die Gemeinschaft der Menschen untereinander gründet in dieser vom Geist geschenkten Christusgemeinschaft. »Christliche Bruderschaft ist nicht ein Ideal, das wir zu verwirklichen hätten, sondern es ist eine von Gott in Christus geschaffene Wirklichkeit, an der wir teilhaben dürfen ... In der geistlichen Gemeinschaft regiert allein das Wort Gottes, in der seelischen Gemeinschaft regiert neben dem Wort noch der mit besonderen Kräften, Erfahrungen, suggestiv-magischen Anlagen ausgestattete Mensch ... So regiert dort der Geist, hier die Psychotechnik, die Methode.«[35]
Die Christusgemeinschaft wird uns zuteil, nicht wir selbst schaffen sie! Sie ist keine zu sich selbst zurückkehrende Bewegung, sondern wird durch die sakramentale Teilhabe zur Grundlage einer radikalen Gemeinschaft mit den Brüdern. Die sakramentale Teilhabe ist zeichenhafte Vergegenwärtigung einer Erinnerung an Gemeinschaft, und zwar der Gemeinschaft, die Gott im Opfer seines Sohnes mit den Menschen aufgerichtet hat. Sie übersetzt und konkretisiert sich dann sofort in eine Versöhnung und Einheit all derer, die an dieser Erinnerung teilhaben: »Ist der Segenskelch, den wir segnen, nicht die Gemeinschaft des Blutes Christi? Wir vielen sind ein einziger Leib; denn wir alle haben Anteil an dem einen Brot« (1 Kor 10,16—17). Die Verbindung von Gemeinschaft des Geistes und brüderlicher Gemeinschaft ist grundlegend: »Wenn es nun eine Ermahnung in Christus gibt, einen Zuspruch aus Liebe, eine Gemeinschaft des Geistes ..., dann macht meine Freude dadurch vollkommen, daß ihr eines Sinnes seid, indem ihr die gleiche Liebe hegt ...« (Phil 2,1—2).
Keine andere Stelle als Phil 3,10 drückt vielleicht so prägnant die untrennbare Zusammengehörigkeit der Christusgemeinschaft und der Gemeinschaft mit den Brüdern aus; Gemeinschaft wird hier als Gemeinschaft mit dem leidenden Christus beschrieben, also als vergegenwärtigender Vollzug seines Gehorsams gegen den Vater im totalen Sichhinschenken an die Brüder.
Ausgehend von dieser untrennbaren Zusammengehörigkeit, wird uns verständlich, wieso der Begriff Gemeinschaft *direkt* die Kollekte der paulinischen Gemeinden zugunsten der Jerusalemer Gemeinde,

---

35 *D. Bonhoeffer,* Gemeinsames Leben, München [11]1964, 22 f.

die durch Verfolgungen in Schwierigkeiten geraten ist (Röm 15,25; 2 Kor 8,4; 9,13; Hebr 13,16), aber auch die Gemeinschaft derjenigen bezeichnen kann, die sich zur Verkündigung des Evangeliums zusammentun und deswegen »jene von der koinonia« (»Barnabas von der koinonia«: Gal 2,9) genannt werden. Gemeinschaft vermag also die Wirklichkeit der Kirche als Gemeinschaft beim Brechen des Brotes, im Besitz und in der Verkündigung zu bezeichnen: »Sie verharrten in der Lehre der Apostel, in der (brüderlichen) Gemeinschaft und im Brotbrechen« (Apg 2,42).

Diese Gemeinschaft ist geschichtlich fruchtbar. Ohne daß es sich dabei um ein von der Geschichte autonom erarbeitetes Wissen um Gut und Böse handelt, schafft sie — nicht etwa aus dem heraus, was die Geschichte an Gutem hervorzubringen vermag, sondern von dem Guten her, das in Hinordnung auf Christus unter uns ist — ein tieferes Wissen um die Geschichte: »Ich danke Gott allezeit, wenn ich deiner gedenke in meinen Gebeten. Ich höre nämlich von deiner Liebe und deinem Glauben, die du dem Herrn Jesus gegenüber und an allen Heiligen bewährst. (So bete ich denn,) daß die Gemeinschaft deines Glaubenssinns sich kraftvoll auswirke in rechter Erkenntnis all des Guten, das unter uns ist in Hinordnung auf Christus« (Phlm 4—6).

Im Hinblick auf die Geschichte ist diese Gemeinschaft eine kritische, insofern sie alle Widersprüche, die sich ihr entgegenstellen, undenkbar macht und sie zu überwinden trachtet. So ist die Kollekte = Gemeinschaft dazu bestimmt, eine Gleichheit zu schaffen, die nicht etwa das, was wir ruhig hergeben können (den »Überfluß«), sondern einfach die Ungleichheit als solche zum Maß für die Spende nimmt, das, was uns gegenseitig in einen Besitzunterschied versetzt (2 Kor 8,12—15).

Die Erfahrung der Gemeinschaft ist der Ort, an dem Gott in der Geschichte treu zu seinen Verheißungen steht: »Getreu ist Gott, durch den ihr zur Gemeinschaft seines Sohnes berufen worden seid« (1 Kor 1,9). Aus der in der Geschichte schon jetzt aufgerichteten Gemeinschaft heraus schöpft die Kirche die Möglichkeit zur Verkündigung, damit alle immer tiefer an dieser Gemeinschaft teilhaben können: »Was wir gesehen und gehört haben, das verkündigen wir auch euch, damit auch ihr Gemeinschaft habet mit uns. Und zwar ist unsere Gemeinschaft mit dem Vater und mit seinem Sohne Jesus Christus« (1 Joh 1,3).

Eine Kirche, die in dieser Weise von der durch Jesus Christus erwirkten und im Geheimnis der Wiedergeburt durch den Geist —

die Gabe des Auferstandenen an die Kirche — dem Menschen mitgeteilten Versöhnung Zeugnis ablegen kann, ist schon jene vorweggenommene neue Schöpfung, die die eigentliche Bestimmung der Geschichte in der Welt im voraus darstellt und vermittelt. In dieser neuen Schöpfung offenbart sich Gottes Weisheit; die Welt als solche vermag sie nicht in sich aufzunehmen und in ihrer Erneuerungskraft für eben diese Welt nicht zu erkennen und anzuerkennen. Wenn die Kirche im Gehorsam zu diesem Wunder Gottes in der Geschichte zu werden vermag, das heißt zu diesem Hereinbrechen seiner Kraft, die schon jetzt alle Dinge verändert, dann werden die Mächte und Gewalten dieser Welt nicht umhinkönnen, diese Wirkkraft der Weisheit Gottes zur Kenntnis zu nehmen: »Damit jetzt den Mächten und Gewalten in Himmelshöhen durch die Kirche die vielfältige Weisheit Gottes kundgetan würde« (Eph 3,10). Die himmlischen Mächte und Gewalten (d. h. im Verständnis des Textes die Gesetze selbst, die die Welt regieren, und die Verantwortlichen und Herren dieser Gesetze) haben nur einen Weg zur Erkenntnis der Weisheit Gottes: das Dasein einer Kirche, in der im Laufe der Geschichte das Geheimnis der Versöhnung und der Gemeinschaft hereinbrechen kann.

Hier findet sich die Aufgabe beschrieben, die Gott der Kirche in der Welt zugedacht hat: *Die Kirche ist Funktion dieses Zusammenstoßens der Weisheit Gottes mit den Mächten und Gewalten, die die Welt regieren.* Die Kirche lebt nicht um ihrer selbst willen, sondern dazu, der Welt die Großtaten und die Herrlichkeit Gottes zu künden. Wenn die Welt die göttliche Weisheit soweit erkannt hat, um sich von ihr durchdringen zu lassen und so zur neuen Schöpfung zu werden, geht diese Doppelhaltung gegenüber dem Christusgeheimnis zu Ende, die die Grundlage für die Unterscheidung zwischen Kirche und Welt abgibt.

### *2.3.2. Das Nicht-zur-Kenntnis-Nehmen der Weisheit in der Geschichte*

Die in der Kirche und durch sie in der Geschichte verwirklichte Gemeinschaft strebt nach Anerkennung der Weisheit Gottes durch die Geschichte, danach also, daß diese Weisheit als das Christusgeschehen erkannt wird: »Das alle eins seien wie du, Vater, in mir und ich in dir; daß sie in uns eins seien, damit die Welt glaube, daß du mich gesandt hast« (Joh 17,21).

Gottes Weisheit ist als solche der Welt tatsächlich verborgen. Sie ist für die Welt und die sie regierenden Mächte unzugänglich (1 Kor 2,6—7). Sie mußte sich daher in der Torheit des Kreuzes geschichtliches Dasein verschaffen, indem sie vor dem Gericht der Herren der Geschichte auftrat, die es, da es ihnen nicht gelingen wollte, sie in ihre Planungen einzubeziehen, vorzogen, sie zu beseitigen, und sie deswegen zum schmachvollen Tode verurteilten.

Dieses Dasein im Zusammenstoß dauert dank der Auferstehung Christi und der daraus folgenden Möglichkeit, daß er in denen, die wie er das Kreuz auf sich nehmen und ihm nachfolgen, da ist, also dank der Kirche, in der Geschichte weiter fort. Der Nachfolge der Kirche entspricht jedenfalls die Ablehnung durch die Welt, die berufen ist, durch die Kirche hindurch zur Erkenntnis der Weisheit Gottes zu gelangen. Sobald der Welt jedoch aufgeht, daß dieses Erkennen die Verpflichtung bedeutet, etwas anzunehmen, was nicht von der Welt ist, widersetzt sie sich diesem Sichereignen der Weisheit und haßt die Jünger ebenso, wie sie den Meister gehaßt hat (Joh 15,18 bis 20). Dieser Widerstand gegenüber den Jüngern ist nichts anderes als die nicht erfolgte Erkenntnis der Weisheit, mit der die Welt zusammenstößt, ja sie folgt sogar daraus: »Aber das alles werden sie euch antun, um meines Namens willen, weil sie den nicht kennen, der mich gesandt hat« (Joh 15,21).

Wir müssen die ganze Tragweite dieser Schritte erfassen, um das zwischen Gemeinschaft und Geschichte wirklich bestehende Verhältnis zu begreifen. Das wiederum verlangt von uns das johanneische »Erkennen« zu verstehen. Johannes meint mit diesem Begriff nicht das alltägliche Erkennen, sondern das gläubige »Erkennen und Festhalten« (adesione della fede). Wir dürfen weiterhin keine Mißverständnisse über die tiefe Bedeutung des Hasses der Welt gegen Christus und die Kirche aufkommen lassen. Es handelt sich hier ganz offenkundig nicht um den unvermeidlichen Widerspruch gegen die Kirche, wenn diese dem Geheimnis der Gemeinschaft, die sie ins Leben rufen müßte, untreu wird und sich selbst in das Ringen um die Macht in dieser Welt stürzt. Der dann unvermeidlich aufbrechende Widerstand ist nicht mit der von Johannes angesprochenen Verfolgung gleichzusetzen, sondern entspricht gänzlich dem erbitterten Kampf zweier Athleten, die nach demselben Kampfpreis streben und es dabei mit den Spielregeln nicht sehr genau nehmen.

Wer den Widerstand der Welt mit einem solchen Kampf zweier Kontrahenten gleichsetzt, sieht die Johannestexte moralistisch und verfehlt ihre Bedeutung.

Der Widerstand der Welt gegen die Kirche, in dem das Nichterkennen der Weisheit durch die Geschichte Gestalt gewinnt, zeigt vielmehr, wie unmöglich es der Welt ist, aus sich selbst herauszugehen und Christus als den Herrn anzuerkennen. Man beachte, daß wir hier nicht von der sündigen Welt, sondern von der Welt als solcher sprechen. Wenn man die Welt nicht metaphysisch betrachtet, sondern in der geschichtlichen Konkretheit ihres Werdens nimmt, so ist sie auf dem Autonomieprinzip erbaut. Und nicht nur, wenn dieses Prinzip Gott leugnet, sondern auch, wenn es ihn ehrt, verwechselt es die eigene Gerechtigkeit mit der Gerechtigkeit Gottes: »Sie haben Eifer für Gott, aber ohne die rechte Einsicht. Weil sie die Gerechtigkeit aus Gott verkannten und ihre eigene aufzurichten versuchten, haben sie sich der Gerechtigkeit aus Gott nicht unterworfen.« (Röm 10,2 f) Diese Worte des Paulus, die für jene gelten, die die Gerechtigkeit im Gesetz suchen, qualifizieren den Leitgedanken der Geschichte sehr treffend, auch dann, wenn sie behauptet, nach dem Absoluten zu streben.

Wenn die Geschichte nicht anders werden, das heißt konkret und geschichtlich gesprochen, ihren *autonomen* Weg zur Gerechtigkeit nicht aufgeben will, dann muß sie hassen, was nicht von ihr ist und was dieser Autonomie gerade deswegen gefährlich wird. Wenn die Geschichte dabei bleiben will, selbst immer am besten verstanden zu haben, den eigenen Weg zu gehen, so kann sie nicht auf den Gehorsam bauen, sondern muß nach einer Totalität suchen, die es ihr erlaubt, ohne Abstriche alle Elemente der Existenz zu integrieren.

Die Unterscheidung Kirche — Welt ist dann nichts anderes als die geschichtliche Erscheinung und Konkretion dieser beiden Haltungen: Gehorsam — Autonomie. Um nicht mißverstanden zu werden, verweisen wir sofort auf den nachfolgenden Abschnitt, wo wir darlegen werden, daß es sich bei dieser Unterscheidung nicht um die Unterscheidung zwischen Gnade und Sünde (in der falschen Gleichsetzung von Ekklesiologie und Soteriologie) noch um jene zwischen Gegenwart und Abwesenheit Christi (in der falschen Gleichsetzung von Christologie und Ekklesiologie) handelt. Es handelt sich vielmehr um ein komplexeres heilsgeschichtliches Verhältnis, das wir als Verhältnis zwischen Gesetz und Gnade zu verstehen versuchen werden. (Es ist nicht auf die Grenzen der individuellen Rechtfertigungsproblematik einzuschränken, sondern gerade in seiner heilsgeschichtlichen Perspektive zu verstehen!)

Zunächst ist es dagegen wichtiger zu erklären, wie die Unterscheidung der Haltung der Autonomie und der des Gehorsams die Unterscheidung Kirche — Welt begründet.

Unter den Theologen ist man allgemein der Ansicht, daß die Unterscheidung zwischen Kirche und Welt nicht eine Unterscheidung Natur — Übernatur und auch keine räumliche, sondern eine zeitliche Unterscheidung darstellt, die sich aus den Merkmalen ergibt, die dieser Periode der Heilsgeschichte eignen.[36]

Um den Sinn dieser Aussage voll zu erfassen, müssen wir sie auf der Basis dessen verstehen, was wir über das Nicht-zur-Kenntnis-Nehmen der Weisheit seitens der Geschichte gesagt haben. Die Geschichte sieht sich angesichts des Christusereignisses letztlich vor die Wahl gestellt, dieses Ereignis entweder als Gottesweisheit, als die Verheißung des Vaters an die Welt und als deren letzte Bedeutung, aus der heraus die Totalität menschlicher Beziehungen aufzubauen ist, anzuerkennen oder nicht. Die eine Antwort führt zur Welt, die Christus anerkennt (= Kirche), die andere zu der Welt, die statt dessen weiterhin nur sich selbst anerkennt (= Welt im »theologischen« Sinn).

Dieses Geschichtsverständnis liefert uns das Johannesevangelium, wenn es uns das Christusgeschehen als ein sich immer mehr verschärfendes Gericht vorstellt, das in den Kapiteln 18 und 19 in der Spannung zwischen dem Gesandten des Vaters und der Welt mit ihren Machtstrukturen seinen Kulminationspunkt erreicht.[37]

Das Neue Testament bestätigt denselben Sachverhalt, indem es sagt, daß Christus der Herr aller Dinge und damit auch der Welt sei (vgl. Kol 2,10; Eph 1,10); ebenso ist er der Herr der Kirche (Kol 1,17; Eph 1,22); aber nur sie, nicht die Welt, wird sein Leib genannt. Wenn wir das auf die Kirche bezogene Bild vom Leib aus der Eucharistie[38] und der ehelichen Lebensgemeinschaft[39] heraus verstehen, ist es klar, daß allein die Kirche Christus als ihren Herrn anerkennt, und zwar dann, wenn sie sich ihm bei der Erinnerung seines Todes in der Gemeinschaft seines Leibes (1 Kor 10,16—17) vereint und sich ihm so im Gehorsam ehelich unterwirft (Eph 5,25f.). Christus ist also der Herr der Welt wie der Kirche. Sein Sieg wird schon jetzt in der Welt gefeiert. In diesem Sinne kann auch die Welt »locus theologicus« der Offenbarung genannt werden.[40] Die Welt erkennt jedoch die Herrschaft Christi, die bereits in ihr wirksam ist, nicht an. Paulus beschreibt diesen Zustand der Welt und der Mächte,

---

36 Vgl. beispielsweise *Y. Congar,* Der Laie. Entwurf einer Theologie des Laientums, Stuttgart 1956, 128 ff.; *J. B. Metz,* Zur Theologie der Welt, 85 f.

37 Vgl. *H. Schlier,* Besinnung auf das Neue Testament, Freiburg 1964, 193—211.

38 Vgl. *H. de Lubac,* Corpus mysticum. L'eucharistie et l'église au moyen âge, Paris 1949.

39 *J. Ratzinger,* Das neue Volk Gottes, Düsseldorf ²1970, 80—85.

40 *W. Kasper,* Glaube und Geschichte, 209—223.

die sie regieren, wenn er sagt, daß Christus einerseits hoch über die Mächte erhoben worden ist (Eph 1,20f; Phil 2,9ff), daß er sie dem Spott preisgegeben hat (Kol 2,15), und andererseits versichert, daß die Feinde Christi ihm erst am Ende unter die Füße gelegt, d. h. vernichtet werden (1 Kor 15,25; Hebr 10,13). Mit demselben doppeldeutig gebrauchten Verb (katargéo = assujettir, unterwerfen, anéantir, auslöschen, vernichten[41]) wird einmal gesagt, der Tod sei am Kreuz *unterworfen* worden (2 Tim 1,10) und ein anderes Mal, erst nach der Wiederkunft Christi werde er *vernichtet* werden (1 Kor 15,26).

Wir können also sagen: Während die Kirche die Geschichte ist, die im Gehorsam des Christusgeschehens inne wird und sich daher in die von diesem Geschehnis (fatto) ermöglichte Totalität integriert, ist die Welt die Geschichte, die sich dieser Anerkennung widersetzt und folglich eine andere Bedeutungstotalität aufzubauen versucht.

Um diese Unterscheidung noch tiefer zu begreifen, müssen wir auf den biblischen Stellvertretungsbegriff eingehen.[42] Schon die Erwählung Israels beruht auf dem Stellvertretungsgedanken. Israel tritt an die Stelle der von Gott aufgrund der Sünde getrennten Menschheit. Den beiden Vorstellungen vom Gottesknecht und vom Menschensohn ist genau diese Stellvertretungsfunktion gemeinsam. Im Neuen Testament wird Christus vorgestellt als der Menschensohn, der leiden muß (Mk 8,31); als solcher vereinigt er den Gedanken von der Stellvertretung des Menschensohnes als der Verkörperung des Volkes der Heiligen (Dan 7,13—27) mit dem Gedanken vom Leiden des Gottesknechts als der Verkörperung des stellvertretenden Leidens des Volkes im Deuterojesaia. Derselbe Stellvertretungsbegriff liegt auch der paulinischen Auffassung von Christus als dem zweiten Adam zugrunde, der am Anfang einer neuen Schöpfung steht (Röm 5,12ff; 1 Kor 15,45ff).

Vielleicht liegt hier, d. h. im Bewußtsein Jesu selbst, gesandt zu sein, das Schicksal der Vielen auf sich zu nehmen, der eigentliche Ursprung für das Bewußtsein der neutestamentlichen Kirche.

Nach seinem Ausschluß aus der Synagoge begibt sich Jesus auf den Spuren derjenigen, die vor ihm wegen ihrer unnachgiebigen Treue zur eigenen Sendung verbannt worden waren (vgl. z. B. die Sekte von Qumran), zunächst eine Zeitlang in die Wüste. Dennoch tritt gerade hier Jesu einzigartige Stellung zutage. Trotz der Proteste seiner Jün-

---

41 *O. Cullmann,* La foi et le culte de l'église primitive, Neuchatel 1963, 21.

42 Ebd. 37 f.

ger kehrt er unter das Volk zurück, denn der Menschensohn muß sich selbst dahingeben zur Erlösung der Vielen. Als er dann die unvermeidliche Auswirkung seines eigenen Gehorsams auf sich zukommen sieht, setzt er trotz des Unverständnisses der Seinen (vgl. die Weigerung Petri, sich die Füße waschen zu lassen) zur Erinnerung an das Handeln (»gesto«[43]) dessen, der sein Leben dahingibt für die Vielen, in Jerusalem die Eucharistie ein.

Die Kirche entsteht, da der Geist, der die Gemeinschaft stiftet, eine neue Gemeinde schafft, die im Niederreißen der Trennmauern in aller Radikalität stellvertretend für die Vielen das Handeln Christi lebt. Daher bildet die Kirche eine Gemeinde, in der Christus »Gestalt annimmt« (Gal 4,19). Von daher wird auch die Bedeutsamkeit und die Rolle der Kirche für die neue Schöpfung verständlich (Kol 1,16; Eph 3,10). Auch wenn die Gläubigen in der Welt leben, so leben sie doch nicht in der gleichen Stellung und Beziehung zu Christus wie diese. Deswegen herrschen sie, Christus ähnlich geworden, mit diesem in der Gestalt des Dienens (1 Kor 4,8).

Dasselbe Stellvertretungsschema beschreibt Paulus Gal 3,6 — 4,7; dabei geht er von der dem Abraham gemachten Verheißung aus. Diese Verheißung wird in dem einen Samen Christus (Gal 3,16) verwirklicht, dessen stellvertretender Tod uns losgekauft hat (Gal 4,5). Von jetzt an steht allen, ohne Rücksicht auf jegliche durch geschichtliche Spaltung errichteten Barrieren die Möglichkeit offen, in Christus zu Erben der dem Abraham gemachten Verheißung zu werden (Gal 3,26). Alle sind in Christus eins geworden (Gal 3,28).

All das besagt, daß die Unterscheidung Kirche — Welt nicht die Grundlage für eine Entzweiung, sondern für ein genau bestimmtes Verhältnis abgibt. Im Neuen Testament bildet diese zweifache Haltung, vor allem durch den Stellvertretungsgedanken, keinen Grund für ein Verdammungsurteil, sondern den Hinweis auf eine Aufgabe der Kirche im Hinblick auf das Heil der Welt. Die Kirche dient (trotz des Mißbrauchs dieses Begriffs) der Welt, indem sie in ihr Gottes Weisheit in der durch die Gemeinschaft mit Christus geschaffenen Neuheit präsent werden läßt.

Die Gemeinde stellt sich als der geschichtliche Dienst an dem Heil dar, das der Welt in der Auferstehung Christi verkündet wurde; indem Gott in der Auferstehung dem Handeln dessen, der sein Leben für die Vielen dahingibt, eine Zukunft eröffnet, hat er

---

[43] »gesto« = Tat, Tun, Handeln, Geste, Gebärde (res gestae), ein intentionales, zeichenhaftes, wirkliches Handeln.

dargetan, daß seine Torheit größer ist als menschliche Weisheit. Diesen Dienst der Gemeinde an Christus auf der einen und der Welt auf der anderen Seite brachten die Väter mit Hilfe des auf die Kirche angewandten Mondsymbols zum Ausdruck. Wir können einige ihrer Texte auf die Kirche als Wohnsitz der Weisheit Gottes und ihren daraus erwachsenden Dienst an der Geschichte beziehen; so z. B. einige Verse von Anastasius Sinaita: »Cum autem Christus occidens in caelis accessisset ad Patrem, tum orta est luna, tunc ostendit operationem, tunc dominata est tenebris noctis, tunc illuminavit eos, qui erant in tenebris ...«[44] Hier ist die Kirche der Mond, der die Sonne Christus vertritt, die am Horizont der Geschichte unterging, als sie zum Vater emporstieg. Der Mond wird von jetzt ab, allerdings mit dem Unterschied, der sich aus dem Leuchtverhältnis von Sonne und Mond ergibt, die Aufgabe erfüllen, die Christus gebührt: die Geschichte zu erhellen.

Den triumphalistischen Eindruck, den diese Zeilen erwecken, berichtigt Ambrosius von Mailand, der die Funktion des Mondes bezüglich der Welt mit einem anderen Bild beschreibt: der Mond macht die Erde genau dann fruchtbarer, wenn er abnimmt:

»Minuitur luna ut elementa repleat.
Hoc est ergo grande mysterium.
Donavit hoc ei qui omnibus donavit gratiam.
Exinanivit eam ut repleat
Qui etiam se exinanivit ut omnia impleret ...«[45]

Das Verhältnis Kirche — Welt wird hier in doppelter Hinsicht gesehen. Auf der einen Seite steht in Entsprechung zu dem Ausgelöschtwerden Christi um des Heiles der Welt willen die Hingabe bis zum Kreuzestod; auf der anderen Seite steht eine Beziehung, die ein Geben darstellt (»donavit«), eine Gnade, die in die Kirche einströmt, wenn diese dazu bereit ist, daß Christus in ihr dasselbe Ausgelöschtwerden wiederholt, das sein Dasein gekennzeichnet hat.

Man versteht diesen Aspekt der Sendung der Kirche in der Welt

---

44 *H. Rahner,* Symbole der Kirche, 129.
»Als aber Christus sterbend in die Himmel zum Vater gegangen war, da erstrahlte der Mond, da offenbarte er sein Wirken, da wurde bezwungen die Finsternis der Nacht, da erleuchtete er jene, die in Finsternis wandelten (Übersetzung von J. F.).

45 »Luna nimmt ab, um die Elemente mit Leben zu füllen. Das aber ist ein großes Mysterium. Das schenkte ihr der, der alles erfüllt mit Gnade. Er vernichtet sie, um sie zu erfüllen, er, der sich selbst vernichtet hat, um für alle die Fülle zu sein.« Zitiert nach *H. Rahner,* Symbole der Kirche. Die Ekklesiologie der Väter, Salzburg 1964, 123.

besser, wenn man an das Kennzeichen denkt, das jetzt die Herrschaft Christi auszeichnet. Obwohl er schon als König eingesetzt ist, ist Christus gegenwärtig mehr Priester als König. Er lebt tatsächlich die umgekehrte Haltung Adams. Dieser opferte den Gehorsam der Autonomie, die Unterwerfung einem souveränen Auftreten; Christus dagegen hat die Autonomie dem Gehorsam geopfert, das souveräne Auftreten der Unterwerfung.[46] Christus herrscht vom Kreuze.

Als Folgerungen aus dem Gesagten können wir festhalten:

1. Die menschliche Geschichte ist für einen Beobachter, der eine naive oder metaphysische Betrachtung vermeidet, als die Geschichte der Nichtanerkennung der Weisheit Gottes gekennzeichnet. Das entspricht einer Interpretation der Geschichte als einer Entwicklung zum Atheismus. Der Atheismus gehört zum Wesen der Geschichte. Diese Aussage klingt in unseren Ohren nicht wie eine Verdammung, weil wir zu behaupten wagen, daß der die Geschichte auszeichnende Atheismus (die Analyse im ersten Teil des Buches hätte es zeigen müssen) als solcher nicht sündhaft ist. Zum besseren Verständnis dieser Behauptung, die unserer Meinung nach auch dann noch gilt, wenn die Welt sich als religiös bezeichnet (vgl. Röm 10,2 f), verweisen wir auf den folgenden Abschnitt über das Verhältnis zwischen Gesetz und Gnade.
2. Diese historische Situation begründet letztlich die Unterscheidung Kirche — Welt. Ohne in die Diskussion um das Heil außerhalb der Kirche eintreten zu wollen[47], können wir uns mit der Aussage begnügen, daß die Kirche den für die Fruchtbarkeit der göttlichen Weisheit in der Geschichte notwendigen Dienst darstellt. Sie gründet nicht in einem Anspruch der Welt, sondern im Geheimnis der Gottesweisheit, und zwar in der besonderen Gestalt des je gegenwärtigen Zusammenstoßens, in dem sich die Weisheit in der Geschichte ereignet.
3. Die Unterscheidung gibt keine Grundlage ab für eine Abtrennung von der Welt oder ein besonderes Recht der Kirche im Reich Gottes. Jesus weigert sich auf die in diesem Sinne gestellte Bitte der Zebedäussöhne zu antworten, aber gleichzeitig verheißt er das Hundertfache denen, die ihm folgen. Jedenfalls hat das Schielen nach dem Lohn mit der Motivation zur Nachfolge nichts zu tun. Bei uns steht es jetzt, den Kelch zu trinken, den Christus getrunken hat, ohne danach zu fragen, was wir bekommen werden. Auf diese Frage gibt es jetzt keine letzte Antwort. Die Unterscheidung Kirche — Welt gibt eher die Grundlage für einen Dienst ab, den die Kirche der Ge-

---

[46] *Y. Congar,* Der Laie, 106.
[47] *J. Ratzinger,* Das neue Volk Gottes, 325—361.

schichte zu leisten hat. Dieser Dienst besteht nicht in der Ideologisierung geschichtlicher Bedürfnisse, sondern in dem Zeugnis einer Gemeinschaft, die im Gehorsam die Geschichte zu befreien vermag. Der konkrete Gehorsam bewahrt die Kirche davor, sich in einer Verfälschung der Gabe, für die sie verantwortlich ist, mit dieser gleichzusetzen. Wenn der Gehorsam echter Gehorsam ist, stellt er die Geschichte in die Krisis; denn dieser gelingt es nicht, die Haltung des Sich-Hingebens zu integrieren, und deswegen trachtet sie danach, sie auszuschalten.

4. Es bleibt noch der positive Sinn der Geschichte zu klären, soweit sie einen Prozeß der Autonomie und der Aufrichtung ihrer eigenen Gerechtigkeit darstellt. Gerade darauf will die Klärung des Verhältnisses zwischen Gesetz und Evangelium hinaus.

### *2.4. Gesetz und Evangelium*

Mit dem Begriff »Gesetz« (*nómos*) bezeichnet Paulus im allgemeinen das Gesetz des Alten Testaments oder auch das ganze Alte Testament; dieses wird dann als Gesetz unter seinem *formalen* Aspekt des auf die Autorität Gottes gegründeten Gebotes verstanden, das an den Menschen als eine »Forderung« ergeht, der er sich zu unterwerfen hat. Auf den *Inhalt* des Gesetzes (z. B. auf die Unterscheidung zwischen Kult- und Sittengesetz) achtet Paulus nicht so sehr. Deswegen ist ihm beispielsweise die im Neuen Testament im Gefolge der alttestamentlich-prophetischen Tradition übliche, im Namen des Sittengesetzes geführte Polemik gegen rituelle Vorschriften fremd. Um besondere Vorschriften zu bezeichnen, gebraucht Paulus eher den Begriff *entolé*. Während also *nómos* das Gesetz in seiner Gesamtheit bezeichnet, wären die *entolai* die besonderen Vorschriften (Röm 7,8 ff).[48] Dieses Gesetz ist auch den Heiden durch das Zeugnis ihres Gewissens offenbar (Röm 2,14 f).

Auch wenn Paulus von Sittengesetz spricht, das den Heiden durch das Gewissen bekannt und nicht etwa, wie den Israeliten, geschichtlich übergeben worden ist, handelt es sich für ihn niemals um eine Art praktischer Vernunft, die sich von sich aus entfaltet — modern gesprochen um ein Gesetz für ein moralisch richtiges und vernunftgemäßes Verhalten —, sondern immer um ein Gebot Gottes.

---

[48] Zur Darlegung der paulinischen Auffassung halten wir uns streng an R. Bultmann, auch wenn er nicht immer ausdrücklich zitiert wird: *R. Bultmann,* Theologie des Neuen Testaments, München [6]1968, 260—270. Vgl. auch *H. Conzelmann,* Theologie des Neuen Testaments, München [2]1968, 244—251.

Dieses Gesetz ist von Gott erlassen worden, um beobachtet zu werden. Es ist die »Verkörperung der Erkenntnis und der Wahrheit« (Röm 2,20), und der innere Mensch hängt ihm an (Röm 7,14 ff). Auch wenn das Gesetz nicht zur »Gerechtigkeit« führen kann, selbst wenn es unvermeidlich zum »Tode« führt und deswegen für den Gläubigen als überwunden anzusehen ist (Gal 3,1—5,12; Röm 1,18—7,6), enthält es dennoch die Erkenntnis des verpflichtenden Willens Gottes. Paulus selbst bemüht sich, ein aufgrund seiner Aussage mögliches Mißverständnis zu beheben: Das Gesetz ist heilig, und die Vorschrift ist heilig, gerecht und gut (Röm 7,12); wer das Gesetz befolgt, wird »gerechtfertigt« werden (Röm 2,13), und wer dem Gesetz treu bleibt, dem wird ewiges Leben und Heil zuteil (Röm 2,7.10).

Warum kann das Gesetz dann nicht zu Gerechtigkeit führen? Weil der Christ, auch wenn die von ihm geforderte *agápe* eine Vollendung des Gesetzes ist (Röm 13,8—10; Gal 5,14), nicht mehr unter dem Gesetz steht?

Die Antwort auf diese Frage ist einfach: *Bevor nicht geglaubt wird, gibt es keine wirkliche Erfüllung des Gesetzes.* »Denn alle, die in Gesetzeswerken aufgehen, stehen unter Fluch; steht doch geschrieben: Verflucht ist jeder, der nicht beharrlich alles tut, was im Buche des Gesetzes geschrieben steht« (Gal 3,10).

Aber mit dieser Antwort ist der paulinische Gedankengang noch nicht abgeschlossen. Paulus sagt nicht nur, daß der Mensch durch die Gesetzeswerke das Heil nicht erreichen *kann,* sondern sagt auch, daß er es so nicht erreichen *darf:* »So denkt Paulus von seinem Gottesbegriff aus, demzufolge das, was faktisch ist oder geschieht, zugleich nach göttlichem Plane so ist oder geschieht.«[49] Rechtfertigung aus Gesetzeswerken und aus Gnade schließen sich tatsächlich gegenseitig aus; daher haben sich diejenigen, die die Rechtfertigung im Gesetz suchen, von Christus getrennt und sind aus seiner Gnade herausgefallen (Gal 5,4). Für Paulus ist der Anspruch des Menschen, das Heil durch die Erfüllung des Gesetzes erreichen zu wollen, Sünde, insofern er die autonome Anstrengung des Menschen offenbart, der seine Geschöpflichkeit vergessen hat und dann bestrebt ist, sich sein Heil allein aus eigenen Kräften zu verschaffen. Der Mensch kann aber sein Heil nur dann erreichen, wenn er seine Abhängigkeit von Gott einsieht.

So begreift man, warum das Gesetz, das von sich aus die Verkörpe-

[49] *R. Bultmann,* Theologie des NT, 264; er stützt sich auf Gal 2,16, wo der Satz, daß »kein Mensch gerechtfertigt wird aufgrund von Gesetzeswerken, sondern nur durch den Glauben an Jesus Christus«, nicht nur eine Feststellung, sondern auch eine Pflicht zum Ausdruck bringt.

rung der Wahrheitserkenntnis ist, statt dessen zum Weg wird, auf dem der Mensch zur Erkenntnis der *armatia,* der Sünde, gelangt, die die Welt beherrscht (Röm 3,20). Wir müssen uns noch klarmachen, um welche Sündenerkenntnis es sich hier handelt. Im Gesetz lernt der Mensch die Sünde kennen, aber nicht so, daß er sich bewußt macht, was Sünde ist, sondern insofern er zum Sündigen gebracht wird. Es handelt sich also um ein praktisches Erkennen: Röm 7,7—11. Das entspricht jedoch einem Plan Gottes. Das Gesetz wurde zwischen Adam und Christus eingeführt, damit sich die Übertretungen häuften; aber wo sich die Sünde häuft, da strömt die Gnade noch reicher (Röm 5,20).

Das Gesetz »führt also den Menschen, der sein Schöpfungsverhältnis verlassen hat und sich selbst sein Leben beschaffen will, in die Sünde, um ihn dadurch wieder in das rechte Gottesverhältnis zu bringen: um ihn vor die Gnade Gottes zu stellen, die er im Glauben ergreifen soll.«[50]

Daraus wird verständlich, inwiefern das Gesetz *Zuchtmeister* auf Christus hin ist. Der Ausdruck in Gal 3,24 darf nicht so verstanden werden, als erziehe das Gesetz von sich aus zu Christus. Die Gnade, die uns im Glauben geschenkt wird, ist nicht Frucht der Erziehung, sondern ganz allein ein Geschenk Christi. Die Erziehung durch das Gesetz erfolgt nur indirekt, sofern es uns in einen Sündenzustand versetzt, in eine Situation, die es ermöglicht, die konkrete Bedeutung der Gnade zu erfassen.

Und auch das darf nicht so verstanden werden, als ob das Gesetz den Menschen in eine subjektiv verzweifelte Lage führe, sondern im Sinne einer objektiv verzweifelten Situation, die der Mensch *als solche nur dann erkennt, wenn er vom Wort der Gnade ergriffen wird.* »Gal 3,21—25 denkt nicht an die Entwicklung des Individuums, sondern an die Geschichte der Menschheit, und Röm 7,14—24 ist nicht eine Konfession des Paulus, der seinen innern Zwiespalt von einst unter dem Gesetz schildert, sondern das Bild der objektiven Situation des Menschen unter dem Gesetz, *wie es vom Glauben aus erst sichtbar geworden ist.*«[51]

Das Gesetz steht deswegen nicht gegen die Verheißungen Gottes (Gal 3,21). Es bildet ein für die Heilsgeschichte wirklich notwendiges Element, bleibt gültig als Gesetz Christi (Gal 6,2) und wird vom Glauben in der Liebe erfüllt.

---

50 *R. Bultmann,* ebd. 266.

51 Ebd. 267 (Hervorhebung durch den Verfasser).

Das neue Sein des Menschen, wie es sich im Glauben verwirklicht, »steht mit dem alten in *geschichtlicher* Kontinuität; nicht freilich in der Kontinuität einer Entwicklung im Sinne des griechisch-idealistischen Menschenbildes; im Vergleich mit dieser handelt es sich vielmehr um einen Bruch: an die Stelle des alten Selbstverständnisses tritt ein neues ... Denn der Übergang vom alten zum neuen Sein vollzieht sich nicht als geistige Entwicklung von der Sünde zum Glauben, sondern der Glaube ist die Entscheidung gegenüber der im verkündigten Worte begegnenden *cháris*. ... Ihn, den Sünder, der im Tode ist, stellt die ihn treffende Botschaft vor die Entscheidung, ob er sich neu verstehen und sein Leben von Gott her empfangen will. Die Möglichkeit des Verständnisses ist gerade darin gegeben, daß er Sünder, daß er im Tode ist.«[52]
Inwiefern stimmt diese vor allem im Römer- und Galaterbrief dargelegte paulinische Konzeption mit derjenigen des Alten Testamentes überein? Die Meinungen der Exegeten gehen auseinander. Während beispielsweise *M. Noth* (Gesammelte Studien zum AT, München 1957, 155—171) hervorhebt, daß das Gesetz des Alten Testaments nicht das Heil wirkt und die Gesetzeswerke nicht als verdienstlich betrachtet werden, unterstreicht *G. v. Rad* (Theologie des Alten Testamentes I, München [6]1969, 203—216; II, München [5]1968, 413—436) dagegen die positive Rolle der Offenbarung der Gebote als Heilsereignis und sagt, daß, außer in der auf Jeremias und Ezechiel folgenden Prophetentradition, das Gesetz im Alten Testament nicht in seiner Funktion der »Vernichtung« des ungehorsamen Volkes verstanden wird.
Mit dieser Präzisierung von Rads gehen die Meinungen der Exegeten nicht gänzlich auseinander; *W. Zimmerli* (Das Gesetz im Alten Testament, in: Theologische Literaturzeitung 85 (1960) Sp. 481—498) kann zu Recht die paulinische Gegenüberstellung von Gesetz und Gnade nicht etwa mit der falschen rabbinischen Gesetzesinterpretation, sondern mit der Gesetzesgeschichte im Alten Testament selbst verbinden. Dieses Gesetz wurde zur Einhaltung des Bundes und zu seiner Bewahrung gegeben; aber es hat sich als kraftlos erwiesen, und schon die Propheten kündigen an, daß Gott seiner fehlenden Heilskraft ein Ende machen wird (vgl. z. B. Is 11; Jer 31,31 ff usw.).
Es ist unzweifelhaft ein Verdienst Luthers gewesen, diese ganz und gar nicht moralistische, sondern tief heilsgeschichtliche Bedeutung des Verhältnisses zwischen Gesetz und Evangelium begriffen zu haben.

---

[52] Ebd. 270 (Hervorhebung durch den Verfasser).

Dabei kann für ihn das Gesetz niemals aus sich allein verstanden werden, sondern nur in bezug auf Verheißung und Evangelium. Die Bedeutung des Gesetzes erschöpfte sich nicht darin, Vorschriften aufzustellen, die das erfahrungsgemäße Leistungsvermögen des Menschen überstiegen, demzufolge er sich dann an Gott wenden müßte. Die Beziehung liegt viel tiefer: »Die Forderungen des Gesetzes gehörten prinzipiell zu der Gerechtigkeit, die nie ›verdient‹ werden konnte, die ihren Platz vielmehr in der neuen Welt hatte — wovon Paulus ja redet.« (*R. Bring,* Luthers Lehre von Gesetz und Evangelium als der Beitrag der lutherischen Theologie für die Ökumene, in: *E. Kinder/K. Haendler,* Gesetz und Evangelium, Darmstadt 1968, 76—123, bes. 99.)
In seiner Reaktion auf die Gefahr einer fast absoluten Trennung von Evangelium und Gesetz veröffentlichte *K. Barth* 1935 eine Schrift, deren Titel die traditionelle Abfolge der Begriffe umkehrte: »Evangelium und Gesetz«; eine heftige Polemik war die notwendige Folge (vgl. *E. Kinder/K. Haendler,* ebd., wo die wichtigsten Diskussionsbeiträge gesammelt sind). Barth schlug mit anderen Worten vor, das Gesetz als *Form* des Evangeliums aufzufassen, das die Gnade, von der das Gesetz Zeugnis ablege, zum *Inhalt* habe. Zuerst käme nicht das Gesetz, sondern das Evangelium, und dies sei uns in der Form des Gesetzes bezeugt. Die Sünde des Menschen bestehe darin, aus dem Gesetz das Evangelium nicht herauszuhören und Christus nicht als das Ende des Gesetzes gelten zu lassen. Was immer in der protestantischen Theologie diskutiert wurde — hier wurde ein außerordentlich wichtiger Aspekt von neuem bestätigt: das Gesetz ist unmöglich ohne das Evangelium zu verstehen; daher muß man notwendig das Evangelium als die wahre Erfüllung des Gesetzes betrachten.
Das Thema Gesetz — Evangelium kann theologisch als Modell zur Erhellung verschiedener Probleme verwendet werden. Es ist bekannt, wie die protestantische Theologie sich seiner bedient, um das Verhältnis zwischen natürlicher Theologie und Offenbarung, zwischen Schöpfung und Erlösung usw. klarzulegen.
Das Thema selbst ist typisch protestantisch, während die katholische Tradition lieber von Gesetz und Gnade spricht. Aber indem Barth die Begriffsfolge umkehrte, hat er in diesem Punkt die protestantische Theologie in einer Art interpretiert, die von der katholischen nicht sehr verschieden ist (vgl. *G. Söhngen,* Gesetz und Evangelium, in: *E. Kinder/K. Haendler,* ebd., 324—355, bes. 327).
Wir haben die Ausdrücke Gesetz und Evangelium vorgezogen, weil der Begriff Evangelium, besser als der Begriff Gnade, das verdeut-

licht, was wir hier mit göttlicher Weisheit meinen. Die traditionelle Abfolge der Begriffe »Gesetz und Evangelium« haben wir nicht etwa deswegen beibehalten, weil wir der Ansicht sind, das Gesetz in sich und aus sich selbst heraus verstehen zu können, sondern um die Erziehungs- und, so könnten wir hinzufügen, die Vermittlungsfunktion des Gesetzes in bezug auf das Evangelium der Weisheit Gottes stärker hervorzuheben.

### *2.4.1. Die Autonomie der Geschichte als Gesetz*

Können wir die paulinische Auffassung des Zueinanders von Gesetz und Evangelium als Modell verwenden, um die Beziehung zu verstehen, die zwischen der Autonomie als Bedingung für eigene Sinnaufrichtung von seiten der Geschichte und der Weisheit Gottes besteht, die sich in Christus Jesus ereignet und im Evangelium seines Kreuzes kundgetan hat?

Auf den ersten Blick scheint dieser Weg versperrt zu sein. Denn während das Gesetz bei Paulus den konkreten Willen Gottes für den Menschen bezeichnet, schließt das heutige Selbstverständnis der Geschichte Gott aus, schließt aus, daß die eigene Moral, das, was als notwendiger Beitrag zu einem menschlichen Vorankommen angesehen wird, eine andere Grundlage haben könnte als den Menschen selbst. Auch wenn dieser tatsächliche Unterschied in der Bewußtseinslage des heutigen und des damaligen Menschen, an den Paulus sich wandte, nicht beiseitegeschoben werden kann, so erscheint er einer tieferdringenden Analyse doch nicht so bedeutsam, daß er eine analoge Verwendung des Modells verhindern könnte.

Auch für Paulus gilt, daß das »Gesetz«, wenn vom Glauben abgesehen wird, den Zustand des Menschen beschreibt, der das Evangelium ablehnt; vor allem aber, daß die eigentliche Gesetzeshaltung faktisch eine Ablehnung Gottes darstellt: »Sie haben Eifer für Gott, aber ohne die rechte Einsicht. Weil sie die Gerechtigkeit aus Gott verkannten und ihre eigene aufzurichten versuchten, haben sie sich der Gerechtigkeit aus Gott nicht unterworfen« (Röm 10,2 f).

Da die Anerkennung Gottes dem Bild entspricht, das wir uns von ihm machen, ist das Streben nach dem Heil Gottes, wenn es de facto nur die eigene Gerechtigkeit sucht, im Grunde von der Haltung eines Atheisten nicht sehr weit entfernt. Man sucht Gott aber nur, wenn man ihm gehorcht, und nicht etwa, wenn man dem Bild nachjagt, das wir uns von ihm machen. Deswegen sagten wir, daß für eine tieferdringende Analyse der Unterschied zwischen dem Gesetzesideal, das Paulus aufs Korn nimmt, und einer autonomen Planung zum Aufbau seiner eigenen Zukunft, um die das Bemühen des heutigen Menschen kreist, nicht gar so groß ist. Obwohl unterschiedlichen Ursprungs, verdeutlichen sowohl das Gesetz, das sich dem konkreten Willen Gottes widersetzt, als auch die autonome menschliche Moral — ein Erbe der Ideale der Aufklärung — ein und dieselbe Grundhaltung auf seiten des Menschen.

Vielleicht können wir einen Schritt weitergehen, bevor wir das Schema des Zueinander von Gesetz und Evangelium auf das uns interessierende Problem übertragen. Wir halten die These der Säkularisierungstheologie, nach der das Christentum eine gewisse Form von Atheismus erfordert, in den vielfältigen und nebulösen Bedeutungen, die die Formel »Gott ist tot« bei den verschiedenen Autoren annimmt, einfach für naiv. Was wir sagen wollen, zielt genau auf das Gegenteil ab: Der Wesenskern des Evangeliums besteht in der Überwindung der atheistischen und autonomen Haltung des Menschen. Eines der theologischen Fundamente, die die Säkularisierungsthese stützen sollen, hat eine gewisse Gültigkeit. Danach hat Christus in seiner Menschwerdung das Menschsein in seiner geschichtlich-konkreten Verfaßtheit angenommen, und dies Menschsein ist nicht verkürzt oder geschmälert worden, als es in die Einheit mit Gott aufgenommen wurde. Jetzt ist aber die Verfaßtheit des heutigen Menschen, den Sinn der eigenen Geschichte autonom ergründen zu wollen, kein zweitrangiges Moment in der Entwicklung gegenwärtigen Bewußtseins. Wir haben geradezu behauptet, daß es das zentrale, die anderen Motive und Momente verbindende Moment ist! Wenn diese Behauptung richtig ist und wir jener »intellektuellen Redlichkeit«, die Bonhoeffer von heutigen Christen erwartete, entsprechend leben wollen, fällt es schwer, diese Verfaßtheit nicht als »unsere« konkrete Verfaßtheit anzusehen, in der wir unseren Glauben leben müssen.

Das Problem liegt darin, zu begreifen, daß diese Verfaßtheit auf der Suche nach einer Synthese dialektisch gelebt wird; diese Synthese wird in ihrer Fülle erst dann möglich, wenn Gott alles in allem und die Mächte und Gewalten dieser Welt vernichtet sein werden. Aber bis dahin behaupten sie in der Welt eine ihnen eigene Stellung. Jetzt, und darauf verweist das 12. Kapitel der Apokalypse ausdrücklich, lebt die Geschichte in dieser dialektischen Gegenwart eines von den Mächten dieser Welt verfolgten Sinnes (der Drache) und einer der Welt im Blut des Lammes verkündeten Bedeutung.[53] Dieselbe Überzeugung hat

---

[53] Vgl. *H. Schlier,* Das Verständnis der Geschichte. Nach der Offenbarung Johannis, in: *ders.,* Die Zeit der Kirche, Freiburg 1956, 265—274.

Bonhoeffer zu seiner Betrachtung über die letzten und vorletzten Dinge veranlaßt:
»›Das Alte ist vergangen‹ (2 Kor 5,17). ›Siehe, ich mache alles neu‹ (Offb 21,5). Auferstehung ist schon mitten in der alten Welt angebrochen als letztes Zeichen ihres Endes und ihrer Zukunft und zugleich als lebendige Wirklichkeit. Jesus ist als Mensch auferstanden, so hat er den Menschen die Auferstehung geschenkt. Deshalb bleibt der Mensch Mensch, obwohl er ein neuer auferstandener, dem alten in keiner Weise gleicher Mensch ist. Aber freilich bis zur Grenze seines Todes bleibt er, der mit Christus schon auferstanden ist, in der Welt des Vorletzten, in die Jesus einging und in der das Kreuz steht. So hebt auch die Auferstehung, solange die Erde steht, das Vorletzte nicht auf, aber das ewige Leben, das neue Leben bricht immer mächtiger in das irdische Leben ein und schafft sich in ihm seinen Raum.«[54]
Wir können also sagen — und dabei beginnen wir, das paulinische Modell auf unser Problem anzuwenden —, daß der Zustand der Autonomie des Menschen in der Geschichte keine Sünde darstellt. Er besitzt sogar eine Art Pflichtcharakter, dem sich keiner, der redlich und ehrlich leben will, entziehen kann. Aber dieser Zustand kann ihn nicht retten, kann ihn nicht zu der Gerechtigkeit führen, die er doch sucht! Wir können uns hier beispielsweise auf das beziehen, was der marxistische Totalitätsentwurf impliziert, ohne es realisieren zu können (vgl. oben 1.3.2.). Der Christ kann die bürgerliche Gesellschaft und die diesbezügliche von allen autonomen Instanzen der Privatsphäre vorgebrachte Kritik nicht einfach auf sich beruhen lassen. Eine solche Haltung rettet weder den Christen noch die bürgerliche Gesellschaft, noch die Geschichte. Genau hier, in der Erfahrung des Scheiterns der eigenen Zielsetzungen, der aus redlichem Sichabmühen herrührenden Verzweiflung, verweisen die autonomen Planungen für oder gegen die bürgerliche Gesellschaft auf etwas, das zu »bringen« nicht in ihrer Gewalt liegt. In diesem Sinne sind sie *Zuchtmeister* auf Christus hin. Es ist aber keine Hinführung, die sie in Eigenregie mit ihren Lesebüchern und all ihrem erzieherischen und didaktischen Instrumentarium leisten könnten.
Diese erzieherische Kraft resultiert einzig aus der im Gehorsam angenommenen Weisheit Gottes. Sie erfüllt das Gesetz, und dann offenbart sich Christus als Vollendung und Ende (*télos*) des Gesetzes zur Gerechtigkeit für jeden, der glaubt (Röm 10,4).
Das soll gleichzeitig besagen, daß, wenn Christus das Gesetz erfüllt,

---

[54] *D. Bonhoeffer,* Ethik, 141.

Gottes Weisheit das Gesetz rettet und diesem die Möglichkeit bietet, genau das zu erlangen, wonach es sucht, das soll heißen: ohne Erfüllung des Gesetzes, und zwar des unserer Zeit und unserer Geschichte eignenden Gesetzes, gibt es keinen Glauben.

In Jesus Christus sind also Gesetz und Evangelium eins. Aber in Christus erscheint auch ihre Verschiedenheit: »Was das Gesetz nicht vermochte, ... das tat Gott. Er sandte seinen eigenen Sohn« (Röm 8,5). »Mit Jesus Christus und nur mit ihm ist also doch wohl die Grenze des Gesetzes aufgewiesen«.[55] Nur wer erfahren hat, was die Versöhnung durch Christus bedeutet, sieht auch die Grenze dessen, dem er durch das Gesetz nachjagte, oder besser, er begreift die Grenze des Gesetzes, das ihn nicht dem nachstreben läßt, auf das er eigentlich aus ist.

Das Gesetz, der Gang der Geschichte, den es mitzugehen gilt, weist gleichzeitig darauf hin, daß es keine »billige Gnade« gibt. Nur wer den Fluch des Gesetzes auf sich genommen, wer also die Bitterkeit des Todes verkostet hat, zu dem ihn das eigene Sichabmühen geführt hat, das Leben zu erlangen und zu geben, kann die überwältigende und befreiende Bedeutung des Lebens verstehen, das uns der geschenkt hat, der das Sterben vorzog.

Die autonom aus den interpretativen Modellen der Geschichte erarbeitete geschichtliche Praxis ist also nicht etwas, das in friedlicher Koexistenz oder als Alternative zum eigenen Glauben zu leben ist.

In Koexistenz deshalb nicht, weil das hieße, das Gesetz Christi nicht zu erfüllen; es bedeutete, Christus nicht als Herrn der Geschichte anzunehmen, sondern zwei parallele Bereiche mit verschiedenen Einflüssen aufzurichten. Diese Lösung führt auch psychologisch gesehen dazu, daß beide Bereiche sich auseinanderentwickeln; sie muß unvermeidlich mit dem Aufgeben einer der beiden Einflußbereiche enden. Aber die geschichtliche Praxis läßt sich auch nicht als Alternative zum Glauben leben. Auch die Alternative läuft darauf hinaus, einen der beiden Pole zu beseitigen. Gesetz und Gnade werden eher in einer dialektischen Einheit gelebt, in der keiner der beiden Pole vom anderen verschlungen wird. Dieses dialektische Verhältnis ist keineswegs unbestimmt, eben weil es das Verhältnis des Gehorsams ist. Nicht die vorletzten Dinge interpretieren die letzten, sondern die letzten bedingen die vorletzten.

Die Aufgabe der Gemeinde wird also darin bestehen, die Kraft der

---

55 *H. J. Iwand,* Evangelium und Gesetz, in *E. Kinder/K. Haendler,* ebd. 30—41, bes. 31.

Gemeinschaft, der Weisheit Gottes, unter Beweis zu stellen, und zwar genau in der Vermittlung des Gesetzes, in der das Gesetz nicht mehr nur Gesetz bleibt, sondern in Christus erfülltes Gesetz wird.
Im dritten Teil dieses Buches, wenn wir ausführlich von der Totalität sprechen, werden wir dieses Gehorsamsverhältnis genauer und besser zu fassen versuchen, und zwar in der Einheit, die der Christ nicht so sehr auf der Ebene eines gegenseitigen Wohlwollens, als vielmehr im Zeugnis für die einheitstiftende Kraft, die vom Sieg Christi in die Geschichte ausstrahlt, zu wirken berufen ist.
Aus dem bisher Gesagten möchten wir nur folgern, daß es keine echt christliche Erfahrung gibt, die diesen Bezug zum Gesetz überspringen könnte, dem jeder unter verschiedenen Formen begegnen kann, wenn er sich mit allen um Gerechtigkeit müht, auch wenn diese Gerechtigkeit dem Glauben nicht als Gerechtigkeit Gottes erscheint.
Aber gleichzeitig sind wir gezwungen zu betonen, wie die Geschichte, gerade weil sie nicht zum Heil zu führen vermag, in bezug auf das Reich Gottes und dessen Weisheit tief doppeldeutig bleibt.

### *2.4.2. Die Doppeldeutigkeit der Geschichte*

Sagen wir sofort ganz klar, daß die Doppeldeutigkeit der Geschichte bezüglich des Himmelreiches nicht einer metaphysischen Betrachtung der Geschichte oder der Welt entstammt. Eine solche Betrachtung wird eher eine mögliche Analogie, nicht aber die Doppeldeutigkeit und gleichzeitige Möglichkeit einer zweifachen Beziehung sehen. Einer ungeschichtlichen Betrachtung erscheint die Welt als eine Manifestation und Epiphanie Gottes. Wer sich dagegen auf den Standpunkt der Geschichte und der Freiheit stellt, wird die Welt als Möglichkeit zur Begegnung, aber gleichzeitig auch als Erschwerung einer solchen Begegnung mit Gott sehen.
Auch der Versuch, die metaphysische Betrachtung zu einer »christlich«-anthropologischen Sicht des Menschen zu entwickeln, die als Ausgangspunkt für ein Verstehen des Zueinanders von Geschichte und Evangelium dienen könnte [56], taugt nicht viel. Abgesehen von der Tatsache, daß es gegenwärtig schwierig ist, auch nur in wesentlichen,

---

[56] Aus dieser Perspektive heraus vermag z. B. die Konzilskonstitution Gaudium et Spes eine gewisse Nichtentsprechung zwischen dem Verstehen der Zeichen der Zeit, den vorgeschlagenen Problemlösungen und einer gewissen Anthropologie nicht zu überwinden, die als Verklammerung von Verstehen und Lösung dargestellt wird. Hier spiegelt sich ein apologetisches Schema wider, das einer Problemlage entspricht, die nicht mehr die unsrige ist. Vgl. die treffenden Beobachtungen von *G. Colombo,* La teologia della »Gaudium et Spes« e l'esercizio del Magisterio ecclesiastico, in: La Scuola Cattolica (1970), 477—511.

groben Zügen eine Anthropologie vorzulegen, in der sich der Mensch von heute wiedererkennen kann, bringt ein solches Modell schon eine Vermittlung mit sich, die häufig unnötig ist und in jedem Fall das Verhältnis von Geschichte und Evangelium eher belastet als erleichtert.

Das paulinische Verhältnis zwischen Gesetz und Gnade kann dagegen ein Modell anbieten, das für eine Erfassung des doppeldeutigen Verhältnisses, das die Geschichte an die Weisheit Gottes bindet, außerordentlich geeignet ist.

Zunächst macht es eine Vermittlung der Weisheit Gottes in der menschlichen Freiheit, im »Kon-kreten« der Geschichte und in der Komplexität geschichtlichen Planens des Menschen notwendig.[57]

Aber vor allem vermeidet es die doppelte Klippe einer statischen Sicht des Verhältnisses von Heil und Geschichte; da steht auf der einen Seite die Versuchung zur Gleichsetzung der Geschichte, des Fortschritts und der Weisheit Gottes; auf der anderen Seite aber findet sich die manichäische Aufspaltung in eine zweifache Ordnung, wenn nicht geradezu das Aufgesogenwerden der Geschichte im Heil oder die Gleichsetzung der (auch autonomen) Geschichte mit der Sünde als solcher.

Dagegen bleibt die Geschichte in bezug auf die göttliche Weisheit doppeldeutig, und nur die Freiheit, und nicht etwa ein der Geschichte innewohnender Anspruch, ist in der Lage, diese Doppeldeutigkeit zu korrigieren. (Abgesehen davon, daß in einer geschichtlichen Perspektive von einem »innewohnenden« [intrinseca] Anspruch zu sprechen, zumindest mißverständlich ist.)

Das Christusereignis hebt diese Zweideutigkeit nicht auf, sondern radikalisiert sie; denn sein am Kreuz errungener Sieg und seine Gegenwart in der Geschichte nötigen diese noch weit nachdrücklicher zu einer Entscheidung pro oder contra. Die Geschichte kann nicht so tun, als wüßte sie von dieser Auseinandersetzung nichts; nein, jetzt muß sie Stellung beziehen. Jetzt kann wirklich von dem *Heute* gesprochen werden, in dem man dem Worte Gottes begegnen kann (Hebr 3,13); dabei ist aber mit der Möglichkeit zu rechnen, daß sich die Geschichte gerade in diesem Heute im Unglauben verschließt (Hebr 3,12).

Aufgrund dieser Doppeldeutigkeit ist es unmöglich, die Offenbarung Gottes mit der Bedeutung der gesamten Geschichte gleichzusetzen, als dem hegelschen Weltgeist, der die Entfaltung des Systems der

---

[57] Für eine Klärung des Begriffs »Vermittlung« verweisen wir auf die Erörterung der Totalität im dritten Teil.

Geschichte vollzieht. Die Bedeutung der Offenbarung ist nicht auf eine solche Form von Immanenz reduzierbar. Gottes Offenbarung, seine Weisheit, bleibt durch ihre Gegenwart in der Geschichte immer ein Anruf an diese Geschichte; die Möglichkeit zur Selbstverdammung, zur endgültigen Ablehnung der Weisheit ist niemals ausgeschlossen. »Durch Gottes Offenbarung, die stets gegenwärtig bleibt, stehen die Werke, Worte und Selbstfindungen der Menschen unter dem Gericht Gottes wie unter der Verheißung in diesem Gericht, die im Widerspruch der Auferstehung zum Kreuz Jesu Erfüllung wurde (Röm 1,17—3,20)«.[58] Über die Geschichte ist also weder ein Verdammungsurteil auszusprechen, noch sollte man sich in ideologisierenden Übertreibungen ergehen. Die Geschichte ist eine Aufgabe; auch und vielleicht gerade deswegen, weil sie doppeldeutig ist.

Zweifelsohne bleibt auch die Kirche in bezug auf das Himmelreich doppeldeutig. Auch in sie dringt die Sünde ein. Und in ihr ruht die furchtbare Möglichkeit, die Erinnerung Gottes zu verfälschen und Gottes Weisheit zu korrumpieren! Aber die Kirche bleibt ebenso zweideutig, als auch sie notwendig in Geschichte steht; sie ist aber nicht etwa infolge der Weisheit zweideutig, die ihr im Glaubensereignis einwohnt; dieses wird von der Welt vielmehr zurückgewiesen.

Gottes Weisheit vermag sich in der Kirche eine Wohnung zu bereiten, damit diese trotz ihrer Sünde die Aufgabe im Glauben übernehme, zum Sakrament und Zeichen des Heils zu werden, dessen die Welt in Verweigerung oder Zustimmung innewerden soll! Die Kirche wird also wirklich zum *signum promissivum* der Weisheit Gottes.[59] Das Sakrament hat Anteil an einer Situation, in der die Fülle noch nicht geschenkt ist und die Geschichte in ihrer Nichtanerkennung der Weisheit Gottes verharrt. Daher haftet dem Sakrament auch, soweit es ein geschichtliches Zeichen ist, eine gewisse Doppeldeutigkeit an. Trotzdem bleibt wahr, daß Gottes Weisheit im Sakrament der Kirche eine Anerkennung ihrer selbst bewirkt, die die Welt dagegen nicht aufzuweisen vermag. Deshalb kann die Doppeldeutigkeit der Kirche nicht mit der Doppeldeutigkeit der Welt gleichgesetzt werden.[60]

---

[58] *N. Schiffers,* Offenbarung, in: Sacramentum mundi III, Sp. 819—832, bes. 831.

[59] Im Sinne des Augustinus, der die Sakramente des Neuen Testaments als *signa completiva* und *dantia salutem* bezüglich der Vergangenheit und als *signa promissiva* bezüglich der Zukunft versteht; vgl. *B. Neunheuser,* Taufe und Firmung (Handbuch der Dogmengeschichte IV, 2), Freiburg 1956, 51 Anm. 9.

[60] Es ist klar, daß die Doppeldeutigkeit der Geschichte keine Einladung zum Verlassen der Geschichte bedeutet. Der Mensch kann der Gnade nicht außerhalb des Gesetzes begegnen. Aber wie wir schon sagten, wird die Geschichte gerade dank ihrer Doppeldeutigkeit zur Aufgabe für den Christen.

*Zusammenfassend* können wir sagen: Nicht so sehr die Frage, die die Geschichte Gott stellt, als vielmehr die Frage, die Gott der Geschichte stellt, haben wir zu vernehmen versucht. Dabei haben wir davon abgesehen, ob die Geschichte Gott wirklich eine Frage zu stellen hat, oder ob sie bereit ist, das Wort der Weisheit zu vernehmen.
Die Frage Gottes ist an uns ergangen, damit wir uns von ihr zur Konzipierung[61] einer Antwort aufrufen lassen. Diese Antwort ist »unsere« Antwort in »seiner« Weisheit. Sie soll mit allen damit verbundenen Risiken zum Tragen kommen, wenn wir die *Verantwortung* für etwas auf uns nehmen, das größer ist als wir. Das wollen wir im dritten Teil unseres Buches uns vorzustellen versuchen.

---

[61] »Konzipierung« gibt hier das italienische Wort »invenzione« wieder, das soviel besagt wie: Erfindung, Entdeckung, Komposition, auf etwas kommen, sich etwas einfallen lassen. Phantasie und Einfallsreichtum sind weitere Bedeutungen, die in diesem Wort mitschwingen.

## 3. KONZIPIERUNG DER ANTWORT

Die Frage, die Gott uns stellt und die deswegen unsere Vorstellungskraft übersteigt, weil allein Gott, als das Geheimnis seiner Weisheit, so wie es sich in seinem Sohn ereignet hat, sie wirklich zu stellen vermag, diese Frage zielt darauf ab, eine Antwort hervorzurufen. Mehr noch! Wie wir schon sagten, wird die Offenbarung der Weisheit Gottes nur dann Wirklichkeit, wenn sie in der Geschichte durch die Antwort der Gläubigen Gestalt und Leben gewinnt.

Wer daher die Verantwortung für den Glauben auf sich nimmt, ist berufen, in seiner eigenen Geschichte — besser: der kann nicht anders glauben, als gleichzeitig in seiner je eigenen Geschichte — diese von Gott in seinem Sohn verheißene Bedeutung zum Zuge kommen zu lassen, eine Bedeutung, die das Christusereignis selbst ist: Wie in einem Zelt wohnt Christus in der Kirche, um sich zu offenbaren und den Kampf mit der autonomen Weisheit des Gesetzes und den Mächten auszutragen, die selbstherrlich die Geschichte regieren.

Es handelt sich um das Sichereignen einer Bedeutung, die der Gesamtgeschichte Heil zu verleihen vermag; es handelt sich um das Ereignis einer Totalität! Nicht einer Totalität, die die Geschichte *auf*hebt, sondern die die Geschichte *aufhebt* (eleva) — aber nur durch den Gehorsam hindurch!

Diese Totalität ist etwas ganz anderes als das »Absolute Wissen« der Geschichte, das uns dann die einzelnen Momente vorzustellen gestattet, in denen diese Totalität sich vollzieht. Da der Gehorsam die Totalität vermittelt, ist dieser Gehorsam kein Herrschaftsakt und keine Systematisierung der Geschichte, um ihr die einzelnen Stationen ihres Weges vorzuschreiben. Das Ereignis der Totalität steht eher in Gottes Händen: »Jenen Tag aber oder die Stunde kennt niemand, auch nicht die Engel im Himmel, auch nicht der Sohn, sondern nur der Vater« (Mk 13,32). Nur der Gehorsam vermag also, im Wagnis der Antwort, die Totalität anzunehmen, zu vergegenwärtigen und zu vermitteln. Deswegen können wir keine fertigen Lösungen vorlegen, sondern nur die Bedingungen für den Gehorsam zu bestimmen suchen, d. h. die Methode, nach der eine gehorsame Verantwortung bei der Konzipierung einer Antwort zum Tragen kommen kann. Keine Theologie der Geschichte, keine schon vorgegebene Systematisierung ihres Verlaufs wollen wir vorlegen; wir geben hier vielmehr nur einen Methodenhinweis.

### *3.1. Die Bedeutung der Berufung*

Christliche Existenz ist Antwort auf eine Berufung, auf einen Anruf, auf eine Frage, die an uns ergeht.

Eben weil wir antworten, stellen nicht wir die Fragebedingungen. Wir sollen nur die volle Verantwortung für die Antwort auf uns nehmen. Daher gilt es, die Bedingungen der Frage zu hören und zu vernehmen. Wir vergessen sie so leicht oder ersetzen sie heimlich oder unwissentlich, weil wir nur schwer ja dazu sagen, gerufen zu werden, sondern selber rufen, selber den Dingen einen Namen geben möchten. Aber selbst wenn wir die Dinge benennen können, so können wir doch Gott keinen Namen geben. Der Name Gottes kann nur angerufen, er kann ihm nicht von uns aufgenötigt werden. Dieser Name kann nur deshalb angerufen werden, weil Er ihn uns kundgetan hat. Die anderen Namen, die wir Gott zulegen, ohne ihn anzurufen, die Namen der Verzweiflung und der Angst, der Philosophie und der Wissenschaft, sind noch nicht in der Lage, den Gott Abrahams, Isaaks und Jakobs wirklich anzusprechen. Nur wenn wir Gott »im Namen Christi« anrufen, in dem Namen, der uns seine Wahrheit und Weisheit gegenwärtig werden läßt — nur dann dürfen wir sicher sein, Ihm zu antworten und nicht etwa nur unsere weniger frommen Wünsche mit einem frommen Namen zu versehen. Weil nicht wir Gott, sondern weil Gott uns erwählt hat, müssen wir jedoch hinzufügen: »Die Gnade sucht und findet den Menschen an seinem Ort — das Wort ward Fleisch (Joh 1,14) — und nimmt ihn eben hier in Anspruch. Es ist dies ein Ort, der in jedem Fall und in jeder Hinsicht mit Sünde und Schuld belastet ist, sei es der Königsthron oder die Bürgerstube oder die Hütte des Elends. Es ist ein Ort dieser Welt.«[1]

Unsere Berufung ist also keine Einladung, den Zustand des Unter-dem-Gesetz-Stehens zu verlassen, sondern ihn zu erfüllen. Uns, die Geschichte, das Gesetz, hat Gott erwählt. Und wir sind erwählt, um gerechtfertigt zu werden. Es ist ungenau zu sagen, wir müßten die Geschichte erwählen. Unsererseits den Anspruch zu erheben, wir erwählten die Geschichte und wir bewegten das große Abenteuer des Christentums in Richtung Fortschritt, stellt eine einzigartige Naivität dar, die einfach an der Tatsache vorbeigeht, daß diese Geschichte schon vor uns *in gewisser Weise* von Gott erwählt worden ist, um gerechtfertigt zu werden. Wir sollen den Teil der Geschichte, der in unserer Hand liegt, entsprechend unserer Antwort gestalten, ohne der

---

1 *D. Bonhoeffer,* Ethik, 270 f.

Verantwortung für diese Last vielleicht mit der Entschuldigung auszuweichen, die Geschichte sei schlecht, oder umgekehrt mit dem Vorwand, die Geschichte sei schon gut und sie bedürfe deswegen von keiner Seite einer zusätzlichen Rechtfertigung. Als Gesetz bleibt die Geschichte aber doppeldeutig und bietet folglich die Möglichkeit einer Begegnung.

In unserer Antwort kommt christlicher Einfallsreichtum (invenzione) zum Tragen. Gerade weil das Wort Gottes eine im Geschehenen als solchen noch nicht vollendete Bedeutung ausspricht, gerade weil dieses Wort kein absolutes Wissen ist, das schon den weiteren Weg des Geschehenen absteckt, sondern eher dessen Verheißung und gleichzeitiges Gericht, ruft es uns auf, eine Antwort zu konzipieren (inventare), die eine wirkliche Antwort im Gehorsam ist.

Es wird eine immer neue Antwort sein in der Mannigfaltigkeit der Hoffnungen und Gestaltungen, die das Gesetz menschlicher Geschichte annimmt. Das Ereignis der Weisheit ist tatsächlich unabhängig von der spezifischen Modalität, die dieses Gesetz jeweils annimmt; aber in jeder Zeit ist die Weisheit in der Lage, in derselben Weise zu rechtfertigen und zu retten, wie Christus in sich selbst alles Fleisch und alle Geschichte in der eigentümlichen menschlichen Verfaßtheit gerecht machte, die sein Schicksal auszeichnete.

Die Konzipierung christlicher Antwort auf die Berufung durch Gott ist also selbst das Sichereignen des Bedeutungsganzen, das Gott der Geschichte verheißen hat. Es handelt sich um ein Sichereignen, ein Geschehen, nicht etwa um eine Vollendung; um ein gehorsames Konzipieren, das sich ebenso von phantasieloser Wiederholung wie von der Überheblichkeit, das letzte Wort zu sprechen, unterscheidet.

### *3.2. Die Bedeutung der Totalität: Ein methodologischer Entwurf für eine »politische« Hermeneutik christlichen Geschehens in der Geschichte*

Jeder Versuch des Menschen, einen Zugang zur Wirklichkeit zu finden, ist immer einheitlich und ganzheitlich. Das geht beispielsweise aus der Unmöglichkeit hervor, ohne die »subjektive« Vermittlung und die notwendig implizierten Interessen, die das Subjekt leiten[2], einen rein »objektiven« Zugang zur Wirklichkeit auszumachen.

---

[2] Vgl. die richtige Kritik an der scharfen Unterscheidung zwischen Natur- und Geisteswissenschaften und an der weberschen Annahme einer Neutralität gegenüber den Werten, die *Th. W. Adorno,* Der Positivismusstreit, 42ff.; 71ff.; 137ff., vorgenommen hat.

Das gilt a fortiori für den Christen. Der Glaube ist ja die restlose Übergabe unseres Sinnes an die Bedeutung Gottes, des Gesetzes an die Gnade und das Evangelium, der Geschichte an das Christusgeschehen. Christlicher Zugang zur Wirklichkeit kann also nur — sowohl auf existentieller Ebene wie auf theologischer Verstehensebene[3] — eine ganzheitliche Ursprünglichkeit grundlegen, die nicht darin besteht, die verschiedenen Elemente der Synthese in der Leugnung ihrer Eigenart zu absorbieren, sondern eher darin, sie in neuer und für andere Totalitätsvorhaben unwiederholbarer Art zu bestimmen.

*3.2.1. Die Totalität als Geschehen*

Der gesamte Prozeß des Verstehens, des existentiellen Handelns und der befreienden und Geschichte machenden Praxis ist nicht etwas *Vorgegebenes* (un *dato),* sondern das *Sichereignen,* das *Geschehen (avvenimento)* einer Bedeutung.

Das Sichereignen dieser Bedeutung ist nicht etwa deswegen ganzheitlich, weil es alle Elemente des Prozesses hervorbringt. Es ist ganzheitlich und umfassend, weil — worin auch immer der Ursprung der verschiedenen Elemente der Synthese und deren unentfremdbare Eigenart besteht, die sie alle definiert — der Vollzug der Bedeutung in der Lage ist, alle diese Elemente zu bestimmen und zum Gehorsam zurückzuführen. Auch die Bedeutung ist unvermeidlich von der besonderen Verbindung bestimmt, die sie mit den anderen Elementen und Momenten des Prozesses eingeht. Jedes dieser Elemente hat seine Zeit, und es gibt keine *coupe d'essence,* durch die ein beliebiger Schnitt in einem beliebigen Augenblick der geschichtlichen Zeit die Möglichkeit böte, das Ganze zu lesen, als ob sich in jedem Augenblick dieselbe Bedeutungsstruktur widerspiegele.[4] Das Gesetz bleibt auch in der Erfüllung durch das Evangelium Gesetz, aber es wird in eine größere Bedeutungseinheit aufgehoben, die *in letzter Instanz* genau von der Frohbotschaft von der göttlichen Weisheit bestimmt wird.

Wir müssen also zum einen den Begriff der Totalität und zum anderen diese besondere Beziehung, d. h. die Bestimmung der Momente des Prozesses durch die Bedeutung, genauer klären.

3.2.1.1. Die Struktur der Wirklichkeit, wie sie im Zugang des Menschen zu dieser Wirklichkeit erfaßt und begriffen wird, ist nicht etwa deswegen ganzheitlich, weil ihre einzelnen Momente die Erscheinung (wie bei Hegel) eines inneren Prinzips sind. Dieser Erscheinung einen

---

[3] Vgl. *H. U. von Balthasar,* Herrlichkeit, 73, wo gezeigt wird, daß jede große Theologie diese einheitsschaffende Kraft entwickelt hat.

[4] *L. Althusser,* Per un concetto di storia, in: Critica Marxista 4 (1966) 1, 113.

dialektischen Charakter von Negation — Aufhebung beizulegen, hilft nicht weiter. Auch in diesem Fall bliebe es dabei, daß die verschiedenen Momente durch die verschiedenen Phasen der Dialektik hindurch nur das eine Wesen des Begriffs erscheinen ließen. Bei einer solchen Auffassung nähme man weiterhin das »Offenbarungs«modell[5] stillschweigend als Erkenntnismodell und das Entwicklungsmodell als Modell für das Handeln an.[6]

Die Struktur des Wirklichen ist eher deswegen umfassend, weil ihre einzelnen Momente, auch wenn sie nicht aus einem einzigen, der Wirklichkeitsstruktur immanenten Prinzip hervorgehen, dennoch *geschichtlich* von diesem Prinzip bestimmt werden. Deswegen ist es nur in der Geschichte möglich, und zwar durch die *Freiheit* des Menschen, das Ereignis des Bedeutungsganzen geschehen zu lassen.

Das von dieser Konzeption angenommene Modell versteht Erkennen und Handeln im Sinne von »Produktion« als verschiedene Arten eines Sich-Stellens zur Wirklichkeit, das in bezug auf diese Wirklichkeit produktiv ist.

3.2.1.2. Die Beziehung *(Bestimmung* oder *Vermittlung,* die hier nicht im hegelschen Begriffssinn, sondern nach Adorno[7] verstanden wird) ist also keine *mythologische* Beziehung zwischen der in letzter Instanz bestimmenden Bedeutung und den verschiedenen Momenten der

---

[5] Für eine Kritik an der Erkenntnis als Offenbarung (= Erscheinung dessen, was sonst verborgen war) vgl. *K. R. Popper,* Scienza e filosofia, 71—120; *H. Albert,* Traktat, 15—21.

Wir akzeptieren diese Kritik; aber nicht in dem Sinne, daß wir an ihre Stelle statt eines wirklich christlichen einen anderen Erkenntnisbegriff setzen wollen, durch den man zu einer für die Offenbarung typischen »Logik« käme (eine Doppeldeutigkeit, der zu verfallen beispielsweise auch ein Theologe wie Moltmann in Gefahr ist). Die Kritik wird hier von uns als Zeugnis für eine gewisse Unvereinbarkeit dieses Erkenntnisbegriffes mit dem modernen Wissensideal aufgenommen. Uns scheint, daß dies nunmehr der Gegenstand des Dialogs und das Moment sein muß, das heute in das Ganze christlicher Bedeutung aufzunehmen ist. Unsere Überlegung ist typisch theologisch und darf nur in diesem Sinn genommen werden.

[6] Die christliche Erfahrung als Entwicklung (= Entfaltung dessen, was schon gegeben, aber noch nicht entfaltet und offenbar ist) zu verstehen, steht im Widerspruch zur inadaequatio des christlichen »Ereignisses« gegenüber dem Wort der Verheißung, wie wir im zweiten Teil dargelegt haben.

[7] *Th. W. Adorno,* Positivismusstreit, 18—20: »Vermittlung« bezeichnet für Adorno den Sachverhalt, daß eine Totalität sich nicht als Faktum »festnageln« läßt, daß sie also das Faktum bestimmt, ohne sich in ihm zu erschöpfen oder sich darauf zu reduzieren. Wir übernehmen hier von Adorno den Vermittlungsbegriff, nicht etwa den Begriff der »Totalität« in dem besonderen, negativen Verständnis, den er dem Begriff beilegt.

Totalität (Mythos = unmittelbares Erscheinen des Prinzips in der Wirklichkeit), auch wenn eine solche Beziehung in anderen geschichtlichen Verbindungen, eben weil die Totalität ein *geschichtliches*[8] Geschehen ist, einem einheitlichen Vollzug christlicher oder allgemeinmenschlicher Erfahrung hat Raum geben können.

Auch *metaphysisch* (in Entsprechung zu den ewigen Seinsgesetzen) kann diese Beziehung zwischen der Bedeutung und den verschiedenen Momenten nicht verstanden werden, selbst wenn es aus dem soeben genannten Grund nicht ausgeschlossen ist, daß es geschichtliche Verbindungen geben kann, in denen sich die Totalität metaphysisch vermitteln könnte.

Die Vermittlung, in der die Bedeutung die verschiedenen Elemente des Prozesses bestimmt, muß eher als Vollzug des Gehorsams verstanden werden, durch den die unterschiedlichen und verschiedenen Erfahrungselemente sich der Gottesweisheit in Freiheit öffnen, d. h. die Grenzen der eigenen Autonomie annehmen und vor allem sich selbst als in dieser Weisheit Erneuerte sehen. Das Wort des Glaubens eröffnet tatsächlich ein neues, dynamisches Erkenntnisfeld[9], das allein in einer Begegnung zwischen Gesetz und Evangelium zugänglich gemacht werden kann. Die Vermittlung ist also nicht eine besondere Darstellung, ein bestimmtes Ideal, ein Wert, sondern ein *Handeln* (gesto; der Hingabe), *das die Konzipierung* (invenzione) einer neuen Beziehung *möglich macht.*

Totalität läßt sich nicht anders vermitteln als im Wissen um eine »Distanz« zu dem Geschehnis, das in der Vermittlung der Hingabe (gesto) geworden ist, in der Öffnung des Gesetzes auf das Evangelium hin.

In diesem Sinne hat unter einem formallogischen Gesichtspunkt Adorno recht, wenn er sagt, die Totalität sei eine kritische Kategorie; sie sei notwendig, um das Faktum (Geschehnis) zu denken, das sie (die Totalität) bestimmt; aber sie sei nicht auf das Geschehnis reduzierbar![10] Wegen der fehlenden Hoffnung, an die seine kritische Theo-

---

[8] Weil die Bedeutung die geschichtssouveräne Gottesweisheit ist, vermag sie jegliche geschichtliche Erfahrung (in Verdammung und Heil) zu rechtfertigen und steht in dem Maße, als sie vom Menschen gemacht wird, immer in der Beziehung des Gesetzes zum Evangelium.

[9] *J. Ladrière,* L'articulation du sens, 1970, 186—190 (deutsch: Rede der Wissenschaft — Wort des Glaubens, München 1972).

[10] Positivismusstreit, 19. Auch *J. Ladrière,* ebd. 163, unterstreicht diesen Charakter der Distanz der Totalität, wenn er behauptet, daß ein System ein vollkommen verstehbarer Organismus ist, durch den allein es möglich wird, das Gegebene in seiner Wahrheit zu verstehen.

rie aber gebunden ist, kann er keine Totalität erblicken, die nicht tatsächlich die Totalität des Bösen wäre, das die Gesellschaft beherrscht, eine Totalität also, von der es sich zu befreien gilt, statt sie herbeizuführen.
Wenn Totalität jedoch im Heilsgeschehen Christi angesetzt wird, in jenem Erlösungslicht, dem sich der Mensch von heute laut Adorno nicht öffnen kann[11], dann ist dieses Geschehen, das sich immer von den Fakten, die es schafft, unterscheidet, die wahre Kraftquelle für die verschiedenen Vermittlungen, die dieses Geschehen niemals ausschöpfen und damit negative Vermittlungen bleiben, aber doch der Vollendung dieser Totalität vorgreifen. Totalität als Hoffnungsgeschehen und nicht als Sichverschließen der Verzweiflung.
Die »Vermittlung« ist daher gleichzeitig Vorwegnahme und Erinnerung. Sie ist aber nur Vorwegnahme und nicht schon Vollendung der Totalität, weil die Erinnerung keine so vollständige Treue zu erreichen vermag, daß sie die Schwerkraft des Gesetzes überwinden könnte, um es endgültig zu »erfüllen«.
In diesem Sinne kann man die Totalität unmöglich als »Entwicklung« fassen; demnach spricht man besser von »Vorwegnahme«.[12] Auf diese Weise vermeidet man auch das Mißverständnis des absoluten Wissens; die Totalität wird zur Aufgabe und Sendung, der man in der *Verantwortung* gegenüber einem Geschehnis (fatto) nachkommt, das *sich selbst* in uns *einwurzelt* und damit ein neues Geschehen bestimmt: das der christlichen Vermittlung.[13]

3.2.1.3. Das Subjekt, das die Totalität im gehorsamen Handeln vermittelt, ist daher immer ein Subjekt, das zur Freiheit fähig ist. Im Glauben ist das primäre Subjekt dieser Vermittlung die Kirche, die Gemeinde. Sie erwächst aus dem Gehorsam, so wie der Gehorsam Christus die Macht gab, die Wirklichkeit zur Totalität werden zu lassen, da er zum Herrn aller Dinge wurde (Phil 2,6—11).

---

[11] *Th. W. Adorno,* Minima Moralia, 333 f.

[12] Darauf weist *Pannenberg,* Heilsgeschehen und Geschichte, 48, hin. Troeltschs Kategorien des Historizismus, die Pannenberg, wenn auch kritisch, dennoch verwendet, und vor allem jene der universalen Korrelation zwischen den Phänomenen des Geschichtsprozesses, sind jedoch nicht am geeignetsten, um den Eindruck eines gewissen Positivismus zu vermeiden, der im Ereignis der Totalität der Freiheit keinen Raum läßt (ebd. 46—48).

[13] Die christliche Vermittlung kann hier dem althusserschen Begriff des Faktums an die Seite gestellt werden, wo, in einem marxistischen Kontext, das Faktum jenes Ereignis darstellt, das eine strukturelle Veränderung zwischen den existierenden Beziehungen bringt; Vgl. *L. Althusser,* Das Kapital lesen, Hamburg 1972, 109.

Die Hermeneutik der Totalität wird so gleichzeitig zur Hermeneutik der Praxis der Gemeinde, zur »politischen Theologie«, die ihr den Weg weist, auf dem »heute« christliche Verheißung zu vermitteln ist. Diese Hermeneutik stellt keine Theologie der »Politik« dar, der geschichtlichen Dimension des Menschen; keine Theorie, die — ideologisierend — die verschiedenen Elemente menschlicher Erfahrung in ein System faßt. Sie ist vielmehr schon in sich selbst »politische Theologie«, praktische Hermeneutik, und damit nur in ihrem Vollzug möglich.

Die Gemeinde bildet ebenso das Objekt wie das Subjekt dieser Theologie, in dem Sinne, daß ihre konkrete Erfahrung, ihre Praxis und ihr Gehorsam, mit dem sie die Totalität in der Geschichte vermitteln will, die Grundlage und die Basis abgibt, auf die Theologie reflektiert. Sie ist also Objekt, das in dem Maße zum Subjekt wird, als es sich durch die theologische Reflexion seine Aufgaben und seine Verantwortung immer stärker bewußt macht (aber nicht nur und nicht vor allem durch die Theologie).[14]

### *3.2.2. Die Momente der Totalität:*
### *A) Die Theorie*

Die »formalen« Momente des Sichereignens der Totalität können als das Moment des theoretischen Tuns (A), des Verstehens (B) und des Gehorsams (C) klassifiziert werden, wobei der Gehorsam die Determinante in letzter Instanz darstellt.

Unter »Theorie« verstehen wir ein formalisiertes und begriffliches »Produzieren«, eine Metasprache, die es ermöglicht, heuristische Modelle zu entwickeln, die eine stets wachsende Zahl von Wirklichkeitselementen betreffen, um sie immer enger miteinander zu verknüpfen.

Die »Theorie« behauptet, eine Beziehung zum Wirklichen zu haben, auch wenn diese Beziehung nicht notwendig von der Art der »Darstellung« des Wirklichen ist.[15] Denn jedwede Theorie, auch die aller-

---

[14] Vgl. den Anhang.

[15] Hier wird einer der delikatesten Punkte der Diskussion über die Wissenschaftstheorie berührt. Während *Adorno* in der Theorie, die er nie auf jene der Naturwissenschaften einschränken will, eine wahre Erkenntnis der Wirklichkeit sieht, sieht *Popper* in der Theorie eher einen formalen Mechanismus, um sich vor Irrtümern abzusichern (aber auch er gibt Kriterien zur Falsifikation an). *Althusser* dagegen ist bemüht, die Wirklichkeit eines theoretischen Produzierens klar von jenem äußeren Produzieren zu trennen. Wir gehen die Frage näher an, sobald wir vom Problem der Falsifizierbarkeit sprechen. Die positivistische Konzeption ziehen wir hier nicht in Betracht.

formalste, verschafft sich Kriterien für einen Widerspruch zur Wirklichkeit, um zumindest ihre eigene Falschheit zu erkennen.
Eben wegen dieser ihrer »Wirklichkeit«, die auch in der Erscheinung des ärgsten Formalismus wahr bleibt, hat die Theorie im Strukturkomplex der Totalitätsmomente ihre spezifische Funktion, nämlich diejenige, zu ermöglichen (nicht: dafür zu *sorgen*), daß das Handeln (gesto) des Verstehens und des Gehorsams der Gefahr der Willkür (im Verstehen) und der Selbstrechtfertigung (in illusionärem Gehorsam) entgeht.

3.2.2.1. Die Theorie zeugt vom Scharfsinn des Menschen, den dieser in seinem Zugang zum Wirklichen innerhalb und außerhalb seiner selbst erworben hat. Die Theorie ist notwendig, um diesem Zugang Wissenschaftscharakter zu verleihen. Diese Wissenschaftlichkeit (die nicht die Wahrheit einer Theorie ausmacht, sondern die geschichtlich erarbeitete Garantie, möglichst viele Fehler bei dem Herangehen an die Wirklichkeit zu vermeiden) ist grundlegend durch zwei Kennzeichen der Theorie gegeben: durch ihre Komplexität und Kohärenz.
Unter Komplexität einer Theorie versteht man den Umfang ihres »logischen Inhalts«,[16] ihre Fähigkeit, eine größere Zahl von Aussagen über die Wirklichkeit zu entwickeln.
Unter der Kohärenz einer Theorie versteht man dagegen den Verbindungs- und Verknüpfungsgrad, den eine bestimmte Theorie zwischen den verschiedenen, theoretisch ausgesagten Elementen faßbar werden lassen kann.
Um kohärent zu sein, genügt es jedoch nicht, daß die Theorie »von einer Einheit schaffenden, einfachen, neuen und mächtigen Idee ausgeht, die eine Verknüpfung oder Verbindung zwischen Dingen betrifft . . . , die bisher nicht verknüpft waren«.[17] Eine von einer Theorie so erreichte Kohärenz wäre keine Kohärenz, die eine tiefere Schicht der Wirklichkeit entdecken lassen könnte, sondern sie beschränkte sich auf eine — sogar wohlgeordnete — Summe der Elemente als solcher.
Die Kohärenz ist nämlich statt einer positiven vor allem eine negative Kategorie. Sie ist streng an Totalität gebunden und drückt einen Zusammenhang zwischen den verschiedenen Elementen der Wirklichkeit aus, der nur in dem Maße behauptet werden kann, in dem man einen Begriff bejaht, der nicht mit den Elementen oder Fakten

[16] *K. R. Popper*, Scienza e filosofia, 189.
[17] Ebd. 103. Genauer erscheint hier *Adornos* Blickwinkel.

identisch ist, sondern von dem ausgehend diese erst verstehbar werden können. Die Negativität der Theorie ist im Sinne einer logischen, nicht einer realen Negativität zu verstehen; sie drückt die Bedingung aus, auf Grund derer man eine positive Beziehung zwischen den verschiedenen Elementen eines Systems oder eines logischen Feldes erfassen kann. Die Kohärenz einer Theorie besteht also in dem Systematisierungs- und Verbundenheitsgrad, den die Theorie zwischen einer bestimmten Zahl von Elementen auszumachen vermag; das gelingt jedoch genau in dem Maße, als die Theorie schöpferisch Kategorien auszudenken weiß, die — ohne zu sein — die Elemente bestimmen. Diese logischen, negativen Kategorien sind in Wirklichkeit positive Kategorien, insofern sie einen tieferen Zugang zur Realität gestatten.
Komplexität und Kohärenz machen die zwei formalen Merkmale einer Theorie aus, aber sie allein genügen nicht, ihre »Wahrscheinlichkeit«, den Grad ihrer Wahrheitsannäherung zu definieren. Allein die Fähigkeit zur Konfrontation mit der Wirklichkeit selbst, die Möglichkeit also, Bedingungen festzulegen, unter denen eine bestimmte Theorie sich als falsch erweisen kann, garantiert einer Theorie ihre mehr oder weniger große Wahrscheinlichkeit.

3.2.2.2. Zum Übergang von einer Theorie zu einer anderen nötigt das Ungenügen einer bestimmten Theorie, jenen notwendigen Umfang und Reichtum beizubringen, nach dem das Handeln des Menschen und seine existentielle Stellung in Wirklichkeit und Geschichte verlangt. Im folgenden Kapitel werden wir die Bedingungen für die Falsifizierbarkeit einer Theorie genauer untersuchen. Für den Augenblick beschränken wir uns auf die Aussage, daß das Handeln, auch wenn es nicht allein auf seine theoretische Komponente rückführbar ist, unter bestimmten Umständen einzig vom wissenschaftlichen Beitrag der Theorie ermöglicht wird. Unsere in einem ganz frühen Stadium befindlichen Überlegungen zu den Kennzeichen einer Theorie für abstrakt zu halten bedeutet die für ein Handeln, das nicht einfach naiv sein will, notwendigen Dimensionen nicht zu erfassen. Das gilt ebenso für die theologische Formulierung einer Glaubenswahrheit wie für den Entwurf eines menschlich umfassenden und richtigen Verstehensversuches wie schließlich auch für das kritische Urteil, das wir jedesmal über unsere — auch die christliche — Erfahrung abgeben müssen. Die Theorie ist ein wirklich notwendiges Element, um die Bedingungen dafür festzulegen, wann ein konkretes Verhalten unsererseits in Widerspruch zur Wirklichkeit steht, nicht wahr ist: seine Falsifikation. Wir werden sehen, daß hier ein Problem liegt, das heute für den Glauben und die Praxis der Gemeinde dringend und drängend ist.

3.2.2.3. Eine Theorie ist niemals neutral, sondern dient immer einem ganz bestimmtem Anliegen des Menschen.
Sie ist Instrument und gestaltet sich deswegen nach den Eigenschaften des Meisters. Die Theorie verlangt von ihrem Wesen her, immer im Innenraum der umfassenden Vermittlung des Menschen mit der Wirklichkeit gesehen zu werden. Es gibt keine neutrale und als solche unverwendbare Theorie. Deswegen braucht man noch nicht einem absoluten Relativismus zu verfallen, sondern sollte vielmehr akzeptieren, daß die Theorien ihre Funktion nur innerhalb und nie außerhalb einer geschichtlichen Totalität erfüllen. Deswegen müssen wir die wirklich treibende Kraft der Theorie immer tiefer ergründen: das Verstehen.

### *3.2.3. Die Momente der Totalität: B) Das Verstehen*

Verstehen gehört zur »existentialen« Verfaßtheit des geschichtlichen Menschen; da er gerade in dieser und nicht in einer anderen Situation lebt, stellt er der Wirklichkeit eben diese und nicht etwa andere Fragen.
Der Mensch kann nicht umhin, Fragen zu stellen. Aber es ist eine bestimmte Wirklichkeit, die ihn, statt anderer, gerade diese Fragen stellen läßt. Die besondere Fragerichtung der der Wirklichkeit gestellten Frage bedingt die Antwort, die die Wirklichkeit gibt. Sie ist aber kein Lehrer, der seinen Schülern alles beibringt, was er will, sondern nur ein Zeuge, der ausschließlich auf die Fragen des Richters antwortet.
Wir stellen also, als Richter, Fragen, die wir nur deswegen stellen, weil wir als Glieder in einer *Tradition* des Verstehens stehen (die also die Erinnerung als Konstitutivum der konkreten menschlichen Existenz aufweist). Die Tradition konstituiert demnach den Horizont (der sich gemäß den Bewegungen des Subjekts mitbewegt) und die *An-sicht* (*pro-spettiva* = nach vorn schauen; die Erinnerung ist immer gleichzeitig proleptisch, aus-schauend, vom Ein-sehen geleitet) des Menschseins (condizione umana). Es ist jetzt klar, daß sich mit der Wandlung der An-sicht und des Horizonts auch die Fragen wandeln, die der Wirklichkeit gestellt werden.
Menschliches Verstehen wird so als das für die menschliche Existenz

konstitutive Verfolgen von Absichten, Anliegen, Zwecken oder Werten, die als Zwecke erkannt sind, zu umschreiben sein.
Der Antrieb zum Verstehen liegt im Interesse. Das Interesse wird nicht notwendig von Bedürfnissen geschaffen, ja viel häufiger ist es das Interesse, das das Bedürfnis schafft.[18] Das Interesse darf auch nicht utilitaristisch mißverstanden werden, sondern muß als Ausdruck des Seinsstrebens genommen werden, sich selbst zu verwirklichen und dem nachzugehen, was das Subjekt seiner Bemühung, seines Opfers und seiner Hingabe für würdig hält.

3.2.3.1. Das menschliche Verstehen stellt der Wirklichkeit die aus dem jeweiligen Horizont einer geschichtlichen Situation erwachsene Frage und bedient sich dabei der Theorie, um diese Wirklichkeit noch genauer und schärfer zu befragen. Die Durchdachtheit einer Theorie erlaubt es, der Wirklichkeit zufriedenstellendere Antworten abzugewinnen. Aber es sind nie mehr als die Antworten auf unsere Fragen: »Die Vernunft muß mit ihren Prinzipien, nach denen allein übereinkommende Erscheinungen für Gesetze gelten können, in einer Hand, und mit dem Experiment, das sie nach jenen ausdachte, in der anderen, an die Natur gehen, zwar um von ihr belehrt zu werden, aber nicht in der Qualität eines Schülers, der sich alles vorsagen läßt, was der Lehrer will, sondern eines bestallten Richters, der die Zeugen nötigt, auf die Fragen zu antworten, die er ihnen vorlegt.«[19] Zwischen den Momenten der Totalität, die der Theorie und dem Verstehen zugehören, bestehen nicht dieselben Beziehungen wie zwischen der Bedeutung der Weisheit und den anderen Elementen der Totalität. Während sich die Weisheit im freien Hören und Gehorsam (als Medium) vermittelt, also in einer Vermittlung, die nur in der Hingabe möglich ist, vermittelt sich das Verstehen in der Theorie (als Medium) durch ein »Verfügen« über die Theorie. Denn da die »Theorie« seelenlos ist, vermag sie nicht zu gehorchen, sondern nur als Instrument zu dienen.

3.2.3.2. Das Verstehen ist niemals falsifizierbar, d. h. einem Beweis der Falschheit seines Anliegens zugänglich. Nur die Theorie ist falsifizierbar. In der Geschichte gibt es also keine Falsifikation der Per-

---

18 *J. Habermas,* Erkenntnis und Interesse, 245. Die Seiten 234—264 bilden eine wertvolle Erarbeitung des Begriffs des Interesses und seiner Beziehungen zur Erkenntnis.

19 *Kant,* Werke, Bd. 3, Darmstadt 1968, 23.

spektiven, sondern nur deren Wandlung in einem ursprünglich existentiellen Ereignis, über das in Freiheit und Geheimnis entschieden wird.

Das Verstehen wird also durch eine Wende (conversione; wenn auch eine rein intellektuelle) und nicht etwa durch eine Überzeugung modifiziert. Die Überzeugung wird gebrochen, die Wende kommt zum Tragen. Allein die Theorie ist Frucht der Überzeugung. Die Wende im Verstehen bringt die Freiheit des Menschen nicht in Gefahr, sondern schafft gerade die Möglichkeit, daß sie zum Tragen kommt. Sie ist also die Bedingung für Freiheit in ihrem Vollzug. Sie ist daher nur in der Autonomie des geschichtlichen Menschen denkbar, der mit seinen eigenen Händen seine eigene Geschichte aufzubauen sucht. Das gilt auch dann noch, wenn sich der Mensch seines eigenen notwendigen Bezugs auf eine Tradition bewußt ist. Denn diese Tradition bleibt auch in der autonomen Verstehensperspektive vom Menschen gemachte und geschaffene Tradition, die deswegen nicht in Gehorsam und Hinhören angenommen zu werden braucht.

3.2.3.3. Die Autonomie im Verstehen ist nicht Sünde, sondern die doppeldeutige Verfassung des Menschen, die zur Sünde führen, aber auch nicht führen kann.[20] Gerade in seiner Autonomie bleibt der Mensch doppeldeutig und unfähig, jene Totalität aufzubauen, obgleich er sie als sein eigenes tiefstes Verlangen anstrebt (vgl. 1.3.2.). In dieser seiner Doppeldeutigkeit bleibt der Mensch voll Verlangen, auch wenn er sich dessen nicht bewußt ist; voller Sehnsucht nach einer weiteren Bestimmung, nach der Annahme eines Jemand, den er verehrt, ohne ihn zu kennen (Apg 17,23). Diese Annahme ist der Gehorsam.

---

[20] An dieser Stelle müßte man vielleicht den theologischen Sündenbegriff genauer fassen. Die Sünde ist als solche nicht eine Unvollkommenheit des Menschen, sondern seine Stellungnahme zum Angebot der Gnade, die gleichzeitig die menschliche Unvollkommenheit und Mangelhaftigkeit offenlegt. Daher ist die Sünde als solche nur in einer heilsgeschichtlichen Perspektive möglich. Die Geschichte als solche kennt die Sünde nicht. Sie kann der Sünde nur überführt werden. Dieses Ihrer-Sünde-überführt-Werden kann nur vom Geist Christi erwirkt werden (Joh 16,8—9), der die Welt der Sünde überführt, die sie begeht, »weil sie an Christus nicht geglaubt hat«. Die Vermittlung der Totalität in der Geschichte geht also immer durch ein Der-Sünde-überführt-Werden hindurch und nur in diesem tiefen Bewußtsein der eigenen Sünde ist der Glaube und der Gehorsam aus dem Hören möglich.

### *3.2.4. Das die Totalität in letzter Instanz bestimmende Moment: C) Der Gehorsam*

Der Gehorsam ist die Verantwortung gegenüber einem ursprünglichen, auf den Menschen bezogenen Ereignis (fatto), das von sich aus in sein Leben als Heilsereignis eindringt, um sich in der Freiheit seines Hörens und seiner gnadenhaften Wende zu ereignen. Während die Wahl die letzte Erklärung für die Wende des Verstehens war, ist die Gnade die letzte Grundlage für die Wende in den Gehorsam. Dieses Ereignis ist das Neue, das Christus uns einstiftet, wenn er in seinem Geist eine Gemeinschaft in der ek-klesia errichtet.

3.2.4.1. Dieses Heilsereignis, das Erlösungsgeschehen, die christliche »Sache«, sagen wir: das christliche Ereignis, ist in der Geschichte schon immer vermittelt; es geschieht und vollzieht sich nämlich, indem es das Dasein des Menschen bestimmt. Diese Bestimmung erfolgt dadurch, daß dieses Dasein der Doppeldeutigkeit überführt wird; mithin dadurch, daß die letztliche Unzulänglichkeit dessen eingestanden wird, was der Mensch geschichtlich ist und erreicht hat.
Dieses Der-Sünde-Überführen ist ein Werk des Geistes (Joh 16,8 bis 9); es kann nur insoweit erfolgen, als sich das christliche Ereignis als fähig erweist, die »Versehen« der Geschichte, die Quelle ihrer Doppeldeutigkeit, zu erfassen und freizulegen.

3.2.4.2. Die Versehen der Geschichte, ihre Unachtsamkeiten, machen der Geschichte die Unmöglichkeit offenbar, sich aus eigener Kraft zu verwirklichen. Es sind aber keine Versehen, die dann erfaßt werden, wenn der Gegner seine Schwäche zeigt; es sind nicht die Versehen der schwachen und müden Geschichte! Wenn man die Müdigkeit der Geschichte oder ihre Unmündigkeit ausnutzt, um sie ihrer eigenen Doppeldeutigkeit zu überführen, arbeitet man unredlich.
Die Versehen der Geschichte, die nur die Weisheit jeweils freizulegen vermag, und zwar nicht nur in der Schwachheit und Unmündigkeit der Geschichte, sind der Geschichte eher angeboren. Sie sind es deswegen, weil die Geschichte, gerade als Prozeß der Selbstrechtfertigung und als Gesetzeswerk, nicht fähig ist, die umfassende Gesamtheit der eigenen Bedeutung zu erfassen, die ihr von Gott verheißen worden ist und sich in Jesus Christus ereignet hat. Nur in der Absage an die Grundeinstellung, die die Geschichte zur Geschichte macht, nämlich die Autonomie, kann die Geschichte ihre eigene Bedeutung entdecken. Nur in der Gnade und im Glauben kann das Gesetz erfüllt werden.

Die Versehen der Geschichte, die auf dem Gesetz und dem Anspruch der Selbstrechtfertigung aufgebaut ist, führen das Überraschende des Christlichen vor Augen. Den Gesetzeslehrer Nikodemus fragt Jesus, wieso es komme, daß er, der Lehrer in Israel, nicht von dem Geheimnis wisse, durch das ein Mensch, wenn er sich dem Geheimnis des Geistes öffnet, wiedergeboren werden könne.

3.2.4.3. Den gehorsamen Beobachter des Gesetzes zu überraschen ist nur dem möglich, der die Leerstellen der Geschichte zu lesen vermag; aber das hat für ihn auch eine gefährliche Seite.
Die Überraschung resultiert aus der Fähigkeit, die Versehen und Leerstellen zu erfassen, die die Geschichte hervorbringen muß, wenn sie ihrem eigenen Gesetz nachkommen will. Ohne die Lesefähigkeit und ohne die Vorstellungskraft, die neue Fragen vorbringt, die für das autonome Können der Menschen und der Geschichte nicht zu entdecken, sondern nur im Gehorsam zu finden sind, ist es unmöglich, daß das christliche Ereignis durch die Kirche jenen unerschöpflichen von der Gottesweisheit entfalteten Schatz freilege, dessen die Mächte und Gewalten dieser Welt ansichtig werden sollen. Diese ursprüngliche und eigentliche Lesefähigkeit macht aber gleichzeitig die Gefährlichkeit christlicher Sache aus, die Gefährlichkeit des Gehorsams, der die Erschütterung (Jer 33,9) und den Haß der Welt entfesselt, die nicht lieben kann, was nicht von ihr ist (Joh 15,19).

3.2.4.4. Das Sichereignen christlicher Totalität im Gehorsam, das Erfüllen des Gesetzes, auch wenn es durch das Stadium hindurch muß, in dem das Gesetz der Sünde überführt wird, die es hervorbringt, ist keine Auflösung der anderen Momente der Totalität. Sie werden nicht aufgesogen, sondern zu einem neuen Leben im Gehorsam berufen. Christliches Sichereignen der Totalität ist deswegen keine Lösung und Auflösung, sondern Geheimnis der neuen Schöpfung in der Ursprünglichkeit und Eigenart der Gottesweisheit, die die Geschichte durch Christus rettet.

## *3.3. Der falsifizierbare Glaube*

Wenn die Gemeinde und die Christen in ihr berufen sind, im Gehorsam das Ereignis der Totalität zu konzipieren, bleibt es nicht weniger dringlich, auf eine außerordentlich schwere und komplexe Frage einzugehen: Was wirkt dergestalt, daß die Gemeinde sich die Frage nach ihrem Treusein stellen kann? Genügt es, um sich dieser Treue

zu vergewissern, daß die Gemeinde erklärt, sie stände dem Geist offen und bereit (disponibile) gegenüber? Besitzt dann der unvermeidbare Pluralismus der Haltungen und Deutungen ein Kriterium, auf Grund dessen man wenigstens von Zeit zu Zeit eine Grenzlinie ziehen kann zwischen einer Deutung und Haltung, die in der Gemeinschaft steht, und einer Deutung und Haltung, die nicht mehr in, sondern außerhalb der Gemeinschaft steht?
Vielleicht wird das Problem an einem oft genannten Beispiel klarer: Wenn ein Verteidiger der Rassentrennung und ein anderer, der gegen diese Trennung kämpft, am selben eucharistischen Mahl teilnehmen, hat es dann noch Sinn, von Gemeinschaft und von auf Gemeinschaft gegründeter Kirche zu sprechen? Steht das Bedeutungsganze, das der angeblich christliche Rassist in seinem Leben verwirklicht unter demselben Gehorsam wie das Bedeutungsganze, das der Schwarze verwirklicht, der leiden muß und der gegen den Rassismus ankämpft? Mit anderen Worten: Ist die Gemeinschaft ein rein eschatologisches Ereignis oder gewinnt sie schon jetzt eine ihr eigene Sichtbarkeit, die es dann in dem Maße, in dem sie zu Tage tritt, ermöglichen muß, Bedingungen festzulegen, die sie falsifizieren und die, wenn sie erfüllt sind, in offenem Widerspruch zur Gemeinschaft stehen, wie sie im Glauben verstanden wird? Wenn sich der Glaube in der Gemeinde keine Bedingungen schafft, unter denen es von da an sinnlos ist, weiter von diesem Glauben zu sprechen, wenn man so will, geschichtliche Bedingungen, die von Mal zu Mal bestimmt werden, die aber von Mal zu Mal wirklich bestimmt werden müssen, hat der Glaube dann der Gemeinde und der Geschichte, die sich nach der Bedeutung dieses Glaubens der Gemeinde fragt, noch etwas zu sagen? Kann ein Glaube, der unter keinen Umständen falsch werden kann und damit immer wahr ist, gleich ob man für eine Sache sein Leben gibt oder auf der entgegengesetzten Seite gegen dieselbe Sache kämpft, für den geschichtlichen Menschen noch eine Bedeutung haben? Und weiter: Ist es richtig, die Frage in diesen Begriffen zu formulieren oder müssen sie modifiziert werden? Kann der Glaube also seine »Wahrheit« von einem Tun (fatto) abhängig machen?

### *3.3.1. Auf der Suche nach einem Modell: Das Prinzip der Falsifizierbarkeit*

Wir werden hier schrittweise eine Beantwortung unserer Frage in den schon dargelegten und den nach und nach auftauchenden Begriffen zu erarbeiten versuchen. Dabei greifen wir auf das von Popper entwickelte Falsifizierbarkeitsprinzip zurück.

Wir bleiben natürlich nicht bei Poppers Formulierungen stehen, sondern werden sie anderen Anregungen, vor allem aus der Tradition des italienischen Geschichtsdenkens, gegenüberstellen und nach und nach eine theologische Deutung des Modells versuchen.

3.3.1.1. Die um den Wiener Kreis gescharten frühen Neopositivisten hatten geglaubt, die Frage nach dem Sinn eines Satzes mit Hilfe des sogenannten Verifikationsprinzips zu lösen: Ein Satz ist wahr, wenn Bedingungen für seine Verifizierung angeführt werden können. Diese Bedingungen werden in sogenannten Protokollsätzen ausgedrückt, d. h. in Sätzen, die sich wie Protokolle von unmittelbaren Beobachtungen ausnehmen. Beispielsweise ist der Satz: »Die Rose ist schön« sinnlos, wenn keine Bedingungen angegeben werden können, unter denen dieser Satz dergestalt verifiziert wird, daß das Gegenteil mit Sicherheit auszuschließen ist. Dagegen ist der Satz »Heute um $5^{00}$ Uhr regnet es im Bezirk x der Stadt y« sinnvoll, insofern Protokollsätze beigebracht werden können, die diesen Satz verifizieren. Im frühen Neopositivismus erlangte dieses Prinzip eine fast universale Gültigkeit, die sich auf jedwede Aussageart erstreckte.
Popper hält diese Auffassung von der Verifikation einer Aussage durch deren Zerlegung in Protokollsätze für vom Psychologismus infiziert;[21] er schlägt statt dessen einen anderen Weg ein. Wir beschreiben ihn hier, soweit er für uns interessant ist.
Eine Theorie kann für Popper niemals den Anspruch erheben, »wahr« zu sein. Nach ihm spricht man besser von »Wahrscheinlichkeit«, von mehr oder weniger großer »Wahrheitsnähe«, jedoch nie von Irrtumsfreiheit. Der Fortschritt der Wissenschaften kommt dadurch zustande, daß eine Theorie durch eine andere ersetzt wird, die einige Irrtümer überwindet, die in der ersten enthalten waren.
Die Theorie ist niemals ein Induktion oder ein Komplex von Schlußfolgerungen, die auf einem Induktionsverfahren beruhen,[22] sondern immer eine ursprüngliche, symbolische Schöpfung, die jeweils einen Vorgang durch die Deduktion aus allgemeinen und besonderen Prinzipien zu erklären versucht, die allein für den fraglichen Fall gelten.[23] Die Theorien sind »das Netz, das wir auswerfen, um ›die Welt‹ einzufangen — sie zu rationalisieren, zu erklären und zu beherrschen. Wir arbeiten daran, die Maschen des Netzes immer enger zu

[21] *K. R. Popper,* Logik der Forschung, Tübingen ³1969, 61—64.
[22] Ebd. 3 ff.
[23] Ebd. 30 ff; (*Popper* spricht von Gesetzen und Randbedingungen).

machen.«[24] Die Theorien sind also unsere Erfindungen (invenzioni). Popper ist sich der idealistischen Herkunft seiner Auffassung voll bewußt.[25]

Wer garantiert uns dann die Güte unserer Theorie? Sind wir zum Konventionalismus verdammt? Kraft einer Grundentscheidung für die Wahrheit müssen wir, wie Popper meint, Regeln festsetzen, die, wenn sie nicht die Wahrheit unserer Intentionen beweisen, wenigstens aufzeigen, wann eine Theorie gegen die Wirklichkeit verstößt, also falsch wird.[26] Wahrheit als anzustrebendes Ziel geht auf eine Beschlußfassung des Menschen zurück. Aber gerade deswegen muß er die Fehlbarkeit jedweder Theorie bejahen, d. h. die Möglichkeit, eine Theorie einer kritischen Überprüfung zu unterwerfen, um ihre Irrtümer zu erfassen.[27] Die Forderung, eine Theorie müsse als falsch erwiesen werden können, nennt Popper die »Falsifizierbarkeit« einer Theorie.

Wenn tatsächlich Bedingungen festgelegt werden, unter denen diese Forderung erfüllt wird, haben wir es mit der »Falsifikation« einer Theorie zu tun.[28]

Die Falsifizierbarkeit resultiert genauer aus einer logischen Beziehung zwischen der Theorie und den Basissätzen: danach ist eine Theorie falsifizierbar, wenn sie Basissätze entwickeln kann, die sie falsifizieren.[29]

Die Basissätze beschreiben oder stellen ein singuläres Ereignis dar. Als vom Basissatz Beschriebenes wird es — beim gegenwärtigen Stand wissenschaftlicher Forschung — auf Grund eines durch Konvention[30] anerkannten Beschlusses zur Festsetzung, die als solche wissenschaftlich relevant ist und die Grundlage für die Behauptung abgeben kann, daß eine Theorie gegen die Wirklichkeit verstößt. Nur die Theorie kann ein Ereignis zur Bedingung der Falsifikation erheben. Das mag für alltägliche Beobachtungen befremdlich anmuten; denkt man aber vor allem an wissenschaftliches Experimentieren, bei dem das Experiment nur auf Grund einer bestimmten Theorie möglich ist und durchgeführt werden kann, weil eine Theorie, die eine Hypothese darstellt, in der Lage ist, dieses Experiment zu

---

24 Ebd. 30.
25 Scienza e filosofia, 43.
26 Ebd.
27 Vgl. *H. Albert,* Traktat, 29—54.
28 *K. R. Popper,* Logik der Forschung, 54 f.
29 Ebd. 52.
30 Ebd. 69—70.

entwerfen und die Bedingungen dafür zu bestimmen, dann ist es klar, daß der Basissatz selbst die Frucht der Theorie ist. (In Klammern sei angemerkt, daß es sich um eine Bedingung — oder Festsetzung — handelt, die die Theorie sich außerhalb ihrer selbst, also nicht etwa innerhalb des theoretischen Tuns, wenn auch nie ohne dieses, als Übereinstimmungspunkt mit der Wirklichkeit selbst gibt.) Für Popper ist »Ereignis« nicht der Begriff eines naiven Positivismus. Der Begriff »Ereignis« weist darauf hin, daß wenn $p_k$ (wobei k die individuellen Koordinaten andeutet) ein besonderer Satz ist, dann die Klasse aller dem Satz $p_k$ äquivalenten Sätze das Ereignis $P_k$ angibt. Beispielsweise wird das vom Basissatz »daß es soeben hier donnert« beschriebene Ereignis von der Klasse der ihm äquivalenten Sätze wiedergegeben: »Es donnerte hier soeben«, »es donnerte in Wien im 13. Bezirk am 10. Juni 1933 um 17 Uhr 15 Minuten«, usw.[31]

Vom »Ereignis« gilt es den »Vorgang« zu unterscheiden. Der Vorgang ist die Klasse aller Ereignisse $P_k$, $P_l$, . . . , die sich nur durch die individuellen Koordinaten unterscheiden.[32] Eine Theorie ist falsifizierbar, wenn sie nicht nur ein Ereignis, sondern zumindest einen Vorgang verbietet. Aber das ist nicht hinreichend: nicht der in den Basissätzen beschriebene Vorgang als solcher falsifiziert eine Theorie, sondern eine zweite Theorie, die tatsächlich besser als die erste die Klippen zu umgehen vermag, auf die die erste aufgelaufen war. Das Ereignis spricht tatsächlich erst dann gegen eine bestimmte Theorie, wenn es anders erklärt wird, also nur durch die Zuhilfenahme einer zweiten Theorie, die die erste ersetzt.[33]

Eine Theorie ist um so wahrscheinlicher, je mehr Erklärungen sie für ein Ereignis bereithält, je komplexer sie ist. Aber gerade dadurch vermehrt sie ihren logischen Inhalt und zugleich die Möglichkeit für eine größere Anzahl von Basissätzen, die die Theorie falsifizieren. Das heißt: Eine Theorie kommt der Wahrheit desto näher und wird gleichzeitig desto falsifizierbarer, je unwahrscheinlicher sie ist, insofern nämlich die Wahrscheinlichkeit dem Umfang des logischen Inhalts umgekehrt proportional ist. Durch die Vervielfältigung der Fälle, in denen man eine Theorie der Überprüfung unterziehen kann, verringern sich die Wahrscheinlichkeitsfälle dafür, daß diese Theorie der Überprüfung standhält.[34]

---

31 Ebd. 56.

32 Ebd. 57.

33 *K. R. Popper,* Scienza e filosofia, 189, wo auch die Kriterien angegeben werden, um eine Theorie einer anderen vorzuziehen.

34 Ebd. 165—168.

3.3.1.2. Wir halten hier ein, ohne auf andere, für Poppers Position wichtige Aspekte einzugehen, die für uns unbedeutend sind.
Einstweilen ist zu sagen, daß eine solche Position nicht — wie die Frankfurter Schule meint, es getan zu haben — auf positivistische Schemata zurückgeführt werden kann.[35] Denn es ist immer die menschliche Subjektivität, die letztlich die Bedingungen für die Falsifizierbarkeit festlegt; das geschieht in einem Prozeß, der, um auf der intersubjektiven Übereinstimmung der Forscher zu beruhen, immer schon ein »gesellschaftlicher« ist. Wir werden diesen Gesichtspunkt im Folgenden wiederaufnehmen!
Wir meinen jedoch, daß Popper die Implikationen seiner Konzeption nicht durch fortschreitende Berichtigung und Rektifizierung seiner eigenen Position bis zu Ende entwickelt. Denn zu behaupten, daß nur die Theorie die Basissätze, die Bedingungen des eigenen Verstoßens gegen die Wirklichkeit festlegen kann, heißt gleichfalls behaupten, daß es für uns nur einen Weg gibt, eine objektive Beziehung zur Wirklichkeit herstellen zu können: den Weg eines theoretisch-praktischen Schaffens (creazione), durch das wir aktiv in die Wirklichkeit eingreifen, um sie abzuändern und um uns die Antworten auf die von uns gestellten Fragen geben zu lassen.
Die Wissenschaft entwickelt also eine wahre *Phänomentechnik*.[36] Das besagt, daß die Beziehung der Theorie zur Wirklichkeit durch die Vermittlung der menschlichen Arbeit hindurchgeht; und nur in dem Maße, in dem der Mensch eine Arbeit entfaltet, kann er jene Bedingungen für einen Verstoß gegen die Wirklichkeit festsetzen, durch die er der Illusion entgeht, er sei aus sich selbst herausgegangen, während er sich doch nur in den Schwanz gebissen hat!
Es ist also richtig, mit Althusser zu sagen, daß sich das theoretische Tun in seinem eigenen Vollzug rechtfertigt, aber gegenüber seinem grundlegenden Unverständnis für den Historizismus muß gleich etwas hinzugefügt werden, was Althusser ohne weiteres zugibt, das er aber dennoch nicht in die dialektische Auffassung der Theorie eingehen lassen will: Der theoretische Vollzug ist nur in dem Maße wirklich, in dem er die Praxis als seine Vermittlung, als das die Theorie rechtfertigende Kriterium setzt, wodurch der Primat an die Praxis übergeht.[37] Nicht etwa, daß das Wirkliche eine »Erfahrungsstruktur« be-

---

[35] Vgl. gegen diese Interpretation die richtigen Beobachtungen von *L. Schäfer*, Über die Diskrepanz zwischen Methodologie und Metaphysik bei Popper, in: Studium Generale 23 (1970) 856—877, bes. 859 Anm. 8.
[36] *G. Canguilhem/D. Letourt*, L'epistemologia, 56.
[37] *A. Gramsci*, Il materialismo storico . . . , 231 ff.

säße, die als der Theorie entsprechend gedacht werden könnte,[38] sondern in dem Sinne, daß sich nur in der Vermittlung, im Handeln (gesto) eine Theorie letztlich rechtfertigt, auch wenn ein Handeln außerhalb der Theorie nicht denkbar ist.

Wir können demnach eine erste Folgerung ziehen: Nur das durch einen bestimmten theoretischen Zugang ermöglichte Handeln kann die Basis für die Falsifikation einer Theorie abgeben.

Trotzdem ist diese Folgerung noch außerordentlich unvollständig. Wir müssen noch eine Präzisierung hinzufügen, die eine Doppeldeutigkeit des Popperschen Kritizismus eindeutig klarstellt. Popper definiert das Wahrheitsproblem als Problem der Nachprüfbarkeit. Er kann das tun, weil er Wahrheit im Sinn von Tarski als Übereinstimmung mit den Fakten versteht.[39] In dem Maße, in dem eine Theorie immer zahlreichere Möglichkeiten entwickelt, gegen die Wirklichkeit zu verstoßen, schließt sie immer mehr Irrtümer aus und nähert sich damit stärker der Wahrheit an.

Übereinstimmung mit den Fakten kann jedoch kein Wahrheitskriterium sein. Denn Objektivität als solche sagt mir noch nichts über die Wahrheit des Handelns. Wenn — nach Popper — die Basissätze das Ereignis von einer Theorie her als Falsifikationsbedingung festsetzen, wenn also das Problem nicht dasjenige des Objekts als solchen, noch das des Subjekts an sich, sondern das Problem der Vermittlung in der Überwindung der falschen Subjekt-Objekt-Gegenüberstellung ist, dann sagen wir, wenn wir die Objektivität (= Übereinstimmung mit den Fakten) eines Handelns definieren, nur, daß das Handeln, nämlich die Vermittlung, das theoretisch-praktische Tun, hier mit der Wirklichkeit übereinkommt oder gegen sie verstößt; wir haben aber noch nicht die Wahrheit oder Falschheit dieses Verstoßes definiert. Durch die Falsifizierbarkeit einer Theorie habe ich also nur die geschichtliche Dimension der Theorie wiederhergestellt, habe die Bedingungen ihrer Wirklichkeitsentsprechung bestimmt, habe aber noch nichts über die Wahrheit dieser Entsprechung gesagt.[40] Dieses Wahrheitskriterium kann mir nur das Verstehen liefern, die Perspektive, die mein Han-

---

[38] Wie *Althusser,* Das Kapital lesen, 187 passim, richtig zurückweist. Althusser ist sich der »theoretischen« Tendenz seiner Position bewußt.

[39] *K. R. Popper,* Scienza e filosofia, 173 ff.

[40] Die »Wahrheit« von der »Wirklichkeit« zu unterscheiden heißt nichts anderes als die Weigerung, die Wahrheit mit dem »Gegebenen« (»dato«) zu identifizieren. Die Wahrheit ist dagegen immer von einer positiven Beziehung zur Totalität gegeben, ja sie ist letztlich mit der Totalität selbst identisch, die in der mehr oder weniger dichten Intensität der Vermittlungen ein Handeln (gesto) [in verschiedenem Maße] »wahr« macht.

deln umfassend bestimmt. Das Falsifizierbarkeitskriterium ist also das Kriterium der Nicht-Objektivität, aber nicht der Nicht-Wahrheit eines theoretischen Zugangs. Darüber hinaus ist es nutzlos, das Falsifizierbarkeitskriterium noch weiter als Abgrenzungskriterium der empirischen Wissenschaften zu definieren, wie es Popper vor allem in den frühen Schriften versucht[41], wenn man nicht stärker als Popper gleichzeitig bewußt die notwendige Beziehung dieses Abgrenzungskriteriums zu jener Grundentscheidung zur Wahrheit aufnimmt, auf die Popper hinweist; sie ist aber keine rein formale Grundentscheidung, sondern bedeutet schon immer eine Parteinahme für eine bestimmte Perspektive, das Verstehen, das von einem genauen geschichtlichen Horizont definiert ist.

Das heißt, daß das Problem der Falsifizierbarkeit, unseres Zugangs zur Wirklichkeit unter allen Formen, unter denen es sich stellt, schon immer ein Problem der Totalität ist.

Die Theorie definiert die Mindestbedingungen für Objektivität, aber diese sind schon immer innerhalb und nie außerhalb eines komplexeren Zugangs definiert, dem des Verstehens und des Gehorsams.

Um diese Problematik auf die uns interessierende Frage anzuwenden, ist es klar, daß die Notwendigkeit, das Mindestmaß von Sichtbarkeit und folglich von Falsifizierbarkeit der Gemeinschaft der Kirche zu definieren noch nicht heißt, das Wahrheitskriterium dieser Gemeinschaft zu definieren, sondern nur eine unabdingbare Bedingung dafür anzugeben, daß diese Wahrheit nicht leer sei, keine Introversion und kein bloßes Selbstgespräch. Der Glaubende und die Gemeinschaft müssen diese Wahrheit anderswo suchen, damit sie zum Gericht werde: im Wort, das Fleisch ward, das also sichtbar geworden ist, das die Geschichte heilt und wahr macht, weil es sie angenommen hat (deswegen kann man nicht davon absehen, jeweils ein Mindestmaß an Sichtbarkeit und damit an Falsifizierbarkeit zu bestimmen); aber es heilt die Geschichte und macht sie wahr, weil es Weisheit ist, die größer ist als selbst die Geschichte.

Das Problem darf also nicht etwa dadurch gelöst werden, daß man der Geschichte die Regeln mitteilt, unter denen das Wort wahr wird, sondern dadurch, daß man die Geschichte als Bedingung oder Zustand ansetzt, damit das Wort seine Wahrheit wirklich in ihr und nicht etwa außerhalb der Geschichte mitteilt.

Man sage nicht, das sei wenig. Wenn wir daran denken, daß die Art, wie wir dem Urteil der Weisheit zu entgehen glauben, nicht darin

---

41 *K. R. Popper,* Logik der Forschung, 39—41.

besteht, sie in ihrer Wahrheit zu negieren, sondern so zu tun, als ob sie in unserer Geschichte und unserer Existenz nicht wirklich wäre, dann sieht man, daß und wie die Falsifizierbarkeit des Handelns einen wesentlichen und unabdingbaren Bestandteil christlicher Erfahrung ausmacht. Ein Glaube, gegen den man unter keinen Umständen verstößt, unter denen er jemanden der Sünde überführen könnte (und nicht umgekehrt), das heißt ein Glaube, der in der konkreten Geschichte auch dann nicht zu einem falschen Glauben werden kann, wenn man sich diesen oder jenen Individualglauben zurechtmacht, kann nicht der wahre, treue Glaube sein, der dem Ereignis der Weisheit gehorsam ist, die ihn geboren hat.

### *3.3.2. Die theologischen Modelle*

Flew und Albert fordern also zu Recht, auch Theologie und Hermeneutik müßten bereit sein, gegen Wirklichkeit verstoßen zu können.[42] Doch gehen sie das Problem nicht mit den richtigen Begriffen an. So protestiert beispielsweise Albert — zu Recht — dagegen, die Frage hermeneutischen Verstehens von dem Anspruch wissenschaftlichen Wissens zu trennen, das eben wissenschaftlich ist, weil es kritische Überprüfung akzeptiert. In dieser Trennung ruht die Gefahr des Dogmatismus, die Gefahr, die eigenen Behauptungen jeglicher menschlichen Überprüfung zu entziehen und sie so zu einem möglichen Herrschafts- und Versklavungsinstrument zu machen.[43]
Wenn wir jedoch bei Albert nach einer Alternativlösung suchen, nach jenen konkreten Kriterien, die es auch dem Verstehen erlauben sollen, sich der Überprüfung zu unterziehen, werden wir enttäuscht. Wir gehen also darin mit ihm einig, daß auch die Verstehensproblematik sich eine »Technologie« des Verstehens als ihr Fundament suchen muß, so wie die Wissenschaften eine Methodologie theoretischen Produzierens entwickeln.[44] Aber damit haben wir noch keine kritischen Kriterien gefunden, und auch Albert weiß über die Forderung notwendiger Überprüfung hinaus keine bestimmten Kriterien anzugeben.[45]

---

[42] *H. Albert,* Traktat, 104—157; *A. Flew/R. Hare/B. Mitchell,* Theology and Falsification, in: *W. Kaufmann,* Religion from Tolstoi to Camus, New York Evanston 1964, 470 ff; *A. Flew,* La presunzione dell'ateismo stratoniano, in *AA. VV.,* Dibattito sull' ateismo, Brescia, 1967, 45—58.

[43] *H. Albert,* Traktat, 114 f.

[44] Ebd. 153 ff.

[45] Man vergleiche beispielsweise die Seiten 152 ff., wo Albert die Forderung nach Kritik herauskristallisiert und die Frage nach einer methodologischen Basis auch des Verstehens gut klarlegt, aber keine Antwort auf das uns interessierende Problem gibt.

Um das Problem noch schärfer anzugehen, müssen wir von einer anderen Feststellung ausgehen. Eine Theorie wird nicht schon von einem einzelnen Ereignis falsifiziert. Nur in dem Maße, in dem das Ereignis als ein »besonderes« und nicht nur als ein einzelnes gesehen wird, falsifiziert es eine Theorie. Das heißt: nur in dem Maße, wie ich das Ereignis als »Vermittlung« (im von uns zuerst verstandenen Sinne, also als denkbar in einer Totalität, die jedoch nicht mit ihm identifiziert wird) lese, als das besondere Ereignis einer Hypothese, die mir dieses Ereignis zu denken erlaubt — aber auch nur dann —, gewinnt es dank seiner Verwurzelung in der neuen Totalität, in der es gedacht wird, die Macht, eine Theorie zu falsifizieren, die immer und unauflöslich einem totalisierenden Prozeß verbunden bleibt.[46]

Das führt uns dahin zurück, daß allein der Glaube seine falsifizierenden »Vermittlungen« entwickeln kann, in dem Sinne, daß allein die Totalität des Glaubens, als von jedem anderen Totalitätsvorhaben verschieden, in der Lage ist, die eigenen »besonderen« Handlungen (gesti) zu verstehen, die die *Wirklichkeit* des Zugangs garantieren, damit der Glaube in diesem Zugang »seine« Wahrheit offenbaren kann, statt sich in der vagen und abstrakten Nebulosität eines Bewußtseins, einer innerlichen Motivation oder ähnlichem zu verlieren. Man darf demnach nicht dabei stehenbleiben, das Falsifizierbarkeitsprinzip als Kriterium der Nicht-Objektivität — und nicht etwa als Kriterium der Nicht-Wahrheit — zu betrachten. Denn die Nicht-Wahrheit ergibt sich nur aus dem Verstehen und dem Gehorsam und ist letztlich nicht falsifizierbar. Man muß vielmehr weitergehen und sagen, daß nur eine bestimmte Totalität ihre eigenen Kriterien entwickeln kann. Das heißt, daß eine Totalität sich selbst bezeugt und nicht von außen das Zeugnis ihrer Wahrheit empfängt. Von außen bekommt sie die kritische Empfehlung, sich nach ihren eigenen Versehen zu fragen (vgl. 3.5.) und entsprechend eine Wende zu vollziehen. Nur in dieser Wende wird sie die eigene Falschheit (an-)erkennen, also nur im Übergang und schon innerhalb der neuen Totalität.

Das heißt weiterhin, daß der Glaube versuchen muß, immer von neuem konkreter Glaube zu werden; das gelingt nicht, ohne gleichzeitig die Bedingungen der eigenen Falsifizierbarkeit beizubringen. Wir meinen, daß diese Konkretheit des Glaubens vor allem in der richtigen Formulierung des viel diskutierten Problems des Verhältnis-

---

[46] Die Kategorie des Besonderen, die wir hier angewendet haben, ist, jedoch sehr frei, an der Kategorie des »Besonderen« von *G. Lukács* inspiriert. Vgl. *T. Perlini,* Utopia e prospettiva in György Lukács, Bari 1968, 249 ff.

ses von Orthodoxie und Orthopraxis besteht, wenn dieses Problem klar und schlüssig durchdacht wird. Schon innerhalb der Schrift können wir die Tendenz feststellen, die praktischen Garantien seiner Wirklichkeit gleich an den Glauben zu binden.[47] Das Neue Testament spricht diese Forderungen klar aus, wenn es die Falschheit eines Glaubensbekenntnisses entlarvt, das faktisch mit der »Ungerechtigkeit« (Mt 7,21—23) in eins geht, mit einem Handeln also, das das Bekenntnis des Glaubens als unwirklich erweist. Schon das Neue Testament stellt konkrete Regeln auf, damit die Altargemeinschaft nicht nur ein leeres Wort sei, sondern gegen Bedingungen verstoßen kann, die mit einem Zum-Altare-Gehen unvereinbar sind und deswegen bereinigt werden müssen (Mt 5,23—24; vgl. 1 Kor 5).

Theologisch betrachtet hat das Problem sehr weitgehende und komplexe Koordinaten, wobei am bedeutsamsten ist, daß es sich um ein eschatologisches Gerichtsgeschehen handelt, das jedoch einer im Glauben schon jetzt gegenwärtigen Vorwegnahme nicht widerspricht. Eine Problemlösung, die diesen eschatologischen Charakter radikal eliminierte, die also die Möglichkeit annähme, schon jetzt zu jener absoluten Klarheit des Glaubensurteils zu gelangen, die uns doch erst am Ende zuteil wird, wäre demnach schon im Ansatz verfehlt.

Im folgenden Kapitel werden wir versuchen, Grundhinweise zu geben; obgleich sie nicht erschöpfend sind, so müßten sie doch dazu dienen, die wichtigsten Aspekte des Problems in den Blick zu bekommen. Aber zunächst müssen wir unter dem uns hier interessierenden Blickwinkel einige theologische Modelle bedenken.

3.3.2.1. Die traditionelle Auslegung von Konzilsdokumenten hebt hervor, daß eine Definition, wenn auch nicht ausschließlich, so doch vor allem in ihrer negativen Form interpretiert werden soll. Sie findet ihren vorzüglichen Ausdruck in den Canones, die die Verurteilung einer bestimmten Lehre aussprechen. Dogmatisch gesehen genießt die entsprechende positive Darlegung nicht dieselbe Definitionskraft.

Wir glauben, daß sich hier das Bewußtsein der Kirche ausspricht, präzise die Bedingungen festlegen zu wollen, unter denen sich nicht mehr vom rechten Glauben sprechen läßt; und zwar rein als Grenzbedingungen, an denen die Unvereinbarkeit beginnt! Während in den Symbola bei dem Versuch, die Minimalabgrenzungen zu umreißen, der doxologische Aspekt, mithin das Transzendieren auf die von den Formeln gemeinte Bedeutung hin vorherrscht, hat es die Kirche ge-

---

[47] Vgl. den Beitrag *P. Schoonenbergs* in *AA. VV.*, Die Antwort der Theologen, Düsseldorf [2]1969.

schichtlich gesehen vorgezogen, die Form des Anathema, des negativen Ausschließens, zu entwickeln.
Man kann hier eine wichtige methodische Feststellung treffen. Die Gemeinschaft der Gemeinde kann, außer in Grenzfällen, nicht falsifiziert werden. Eher als sicher »verifiziert« zu werden, kann es Mindestbedingungen geben, unter denen ihre Nichtexistenz behauptet werden kann.

3.3.2.2. Angewandt auf den Glauben der Gemeinde gewinnt das Falsifizierbarkeitsproblem eine neue Dimension, wenn man es mit dem Kanonproblem konfrontiert. Der »Kanon« der inspirierten Bücher erwächst aus der kirchlichen Notwendigkeit, innerkirchlich zu umschreiben, was Kanon, Regel, ist, dem sich die Kirche unbesehen jeder möglichen Interpretation zu unterwerfen hat. Wenn die Kirche gegen die Gnostiker, mit Marcion angefangen, nicht inhaltliche Kriterien (nur jene Bücher gehören zum Offenbarungsgut, die eine bestimmte Lehre enthalten) verwendet, um den Kanon festzulegen, sondern dazu formale Kriterien heranzieht (alle jene Bücher gehören zum Offenbarungsgut, die die Kirche als inspirierte empfangen hat), setzt sie in der Tat als Kriterium für den eigenen Glauben und die eigene Praxis nicht etwas an, was sie von sich aus zu erarbeiten in der Lage ist, sondern umgekehrt etwas, das ihr übergeben worden ist, und zwar in der Vollständigkeit, mit der es ihr übergeben worden ist, ohne auf die Probleme der Übereinstimmung und Nichtübereinstimmung zu achten, die diese Annahme der Kirche mit sich bringt. Mit der Anerkennung des Kanons setzt die Kirche einen Akt der Selbstunterwerfung unter das Wort Gottes, und zwar ohne Rücksicht darauf, wieweit sie dieses Wort zu verstehen vermag und die ihr geschenkte Kraft besitzt, es auszuführen.
Das Kriterium der »Wahrheit« (und nicht allein der Falsifizierbarkeit) findet die Kirche also im Gehorsam. Der Kanon beruht tatsächlich auf einer Entschließung der Kirche. Auf rein geschichtlicher Ebene findet er einzig in dieser Entscheidung seine letzte Rechtfertigung. Dennoch bedeuten Anerkennung und Festlegung des Kanons keinen schöpferischen Akt. Das Tun der Kirche besteht in einer reinen *Anerkennung* der Offenbarung, die an sie — und wie sie an sie — ergangen ist.[48]
Auf unsere Frage angewandt besagt das, daß die Kirche im Gehorsam gegen das Wort Gottes die Wahrheit jener für ihre Wirklichkeit not-

48 *K. Rahner,* Über die Schriftinspiration, Freiburg 1958, 32—37; 72—78.

wendigen Handlungen entdeckt, die sie unbedingt leben muß; sie findet dort ebenso die Nichtwahrheit jener Handlungen, die sie vermeiden muß, wenn sich der Glaube, den sie verkündet, nicht als wirklichkeitsleer erweisen soll. Diese mögliche Nichtwirklichkeit des Glaubens, diese seine Falsifizierbarkeit, als Bedingung seiner Wirklichkeit und Objektivität, muß der Glaube der Gemeinde gegenüber der Schlüssigkeit, der Wissenschaftlichkeit und der von der Geschichte in ihrem theoretisch-praktischen Tun erreichten Gewitztheit entwickeln. Aber nur der Gehorsam verbürgt der Gemeinde die Wahrheit ihres Handelns.

3.3.2.3. Die »Glaubensregel«[49] stellt ein anderes, wichtiges theologisches Modell dar, das uns helfen kann, den Weg zu verstehen, auf dem man in der Kirche zur Bestimmung der *Mindest*bedingungen gelangt, die den Glauben zu falsifizieren, also als nichtexistent, als unwirklich offenzulegen vermögen.
Die Glaubensregel verweist auf die Tatsache, »daß das Christentum sich als Offenbarungsreligion betrachtet, in der ein gesprochenes, geschichtliches Wort Gottes weitergegeben werden muß«.[50]
Der Ausdruck besitzt in seiner Bedeutung jedoch etwas Fließendes, das es uns gestattet, die Feinstruktur des Problems ins Auge zu fassen.
In einem ersten Sinn bezeichnet der Ausdruck das Glaubensbekenntnis selbst.[51] Beispielsweise stellt das Taufsymbolum eine solche Glaubensregel dar. In diesem Sinn kann allein der Geist den Glauben »verifizieren«, weil nur der Geist das richtige Glaubensbekenntnis aus mir sprechen lassen kann. Auf diesem Weg kann aber niemand den eigenen Glauben oder den der anderen beurteilen oder verifizieren. Das führt zu der Aussage, daß bei der Festlegung der Glaubensregeln niemals der Glaube des einzelnen in seiner Wahrheit als solcher zur Beurteilung ansteht, sondern bloß die Vereinbarkeit einer bestimmten objektiven Glaubensäußerung mit der Glaubenswahrheit selbst (es wird dabei also vom »einzelnen«, aber nicht von der »Besonderheit« des Handelns abgesehen). Niemand urteilt über die Existenz des »individuellen Glaubens«, der als solcher ein Geheimnis bleibt und nicht der Falsifizierbarkeit unterworfen ist.
In einem zweiten Sinn bezeichnet der Ausdruck die Regel als eine vom Glauben geschaffene (genitivus subjectivus). Der gelebte Glaube

[49] Vgl. *J. Quasten,* Regula fidei, in: LThK VIII, Sp. 1102 f.
[50] Ebd. Sp. 1102.
[51] Diese semantische Begriffsauffassung ist jedoch nicht indiskutabel.

gibt sich seine eigenen Regeln. Hier stehen wir vor dem vielleicht wichtigsten Aspekt des Modells. Die Glaubensregel kann sich also nicht in einen leeren und rein juridischen Formalismus verwandeln. Denn nur eine Gemeinde, die den Glauben lebt, vermag sich in authentischer Weise eine Glaubensregel zu geben. Außerhalb des christlichen »Ereignisses«, außerhalb der konkreten Gemeinschaftserfahrung, bleiben die eventuellen Regeln, die sich bilden könnten, leer und formal; sie bedeuten eher ein Hindernis denn eine Hilfe für die Gemeinschaft.

Der dritte Sinn des Ausdrucks liegt darin, Regel »für« den Glauben zu sein (genitivus objectivus). Die Gemeinde muß also ein Minimum an äußeren, objektiven Bedingungen angeben, um dadurch der Gefahr zu entgehen, daß der eigene Glaube um sich selbst kreist, daß er nicht der Glaube ist, der eine konkrete Wirklichkeit heil macht; damit er Gericht werde und nicht einfach die geistvollere Formulierung eines allgemeinen gegenseitigen Wohlwollens darstelle.

Wenn wir auf die Geschichte der Glaubensregel in ihrem dritten Sinn schauen, ist schwerlich zu behaupten, daß die Glaubensregel immer als eine endgültige da ist. Beispielsweise stellten die Jakobusklauseln des Jerusalemer Konzils eine Mindestbedingung dar, die die Kirche damals formulierte, um die Gemeinschaft zwischen den verschiedenen Gruppen konkret zu leben. Aber sie gelten nicht für immer. Viele andere Beispiele ließen sich anführen. Ein anderes Geschichtsverständnis, eine andere Reife im Glauben und eine andere Verstehenskonstellation, in der man den Glauben zu leben hat, bestimmen jedesmal eine besondere Sensibilität; dasselbe Handeln gewinnt in einem anderen Beziehungszusammenhang ein anderes Gesicht und damit eine andere Bedeutung.

Dennoch wäre es ein Irrtum anzunehmen, die Regel für den Glauben, die Falsifikationsbedingung, drücke nur einen vorläufigen Aspekt aus. Das hieße das eigentümliche, von uns bestätigte Verhältnis zwischen Theorie und Verstehen, zwischen dem Kriterium der Nicht-Objektivität und dem Kriterium der Wahrheit nicht verstanden zu haben. Bei der Objektivität steht wirklich unabdingbar die Wahrheit des Menschen und des Glaubens auf dem Spiel. Daher ist es unmöglich, im Leben der Gemeinde das Endgültige vom Vorläufigen zu scheiden. Wir leben unseren Glauben immer in irdenen Gefäßen. Die Regel für den Glauben ist deswegen weder nur vorläufig noch nur endgültig. Um jedoch diesen Aspekt noch gründlicher zu begreifen, müssen wir klären, wann die Regel für den Glauben entstehen kann. Wir tun das im folgenden Abschnitt.

3.3.2.4. Die Möglichkeit, Falsifizierbarkeitsbedingungen festzulegen, setzt die andere Möglichkeit voraus, die Klarheit des eschatologischen Gerichts vorwegzunehmen, d. h., daß in einigen Punkten die Doppeldeutigkeit der Geschichte überwindbar wird, mit der diese als Gesetz behaftet ist.
Der Glaube muß sich also eine solche Lesefähigkeit aneignen, daß er schon jetzt irgendwie jene Gerichtsvorwegnahme verifiziert, von der vor allem Johannes spricht.
Das wird nicht immer und überall möglich sein. Aber in dem Maße, in dem der Glaube schon jetzt jener vorausgenommene Einbruch des Schauens ist, in dem er also schon jetzt für die Geschichte jene Neuheit darstellt, und sei es nur in der Form des Angeldes, das uns für das Ende verheißen worden ist, muß dieser vorausgenommene Einbruch sich notwendig ein Minimum an Sichtbarkeit, an objektiven, geschichtlichen Bedingungen zulegen, die seine Wirklichkeit erweisen. Die von uns erhobene Forderung ist unbestimmt, aber deswegen nicht weniger notwendig. Die falsifizierenden Bedingungen können im Leben der Kirche wechseln, weil sie nur im Kontext des Verstehens und des theoretisch-praktischen Tuns festgelegt werden können; dieser Kontext ist nämlich ein Horizont, der als solcher mit der Bewegung des Subjekts mitwandert.[52] Aber jedesmal ist eine Forderung, die bei der Bestimmung dieser Bedingungen laut wird, unausweichlich. Sonst wird die Glaubensgemeinschaft zum stereotypen Kehrreim, den wir entsprechend zu den je verschiedenen und untereinander gar noch gegensätzlich ausfallenden Strophen verändern können, mit denen wir die Leiden und Freuden einer im Kern introvertierten Existenz besingen.
Doch bleibt uns noch, bevor wir die Linien dieser Reflexion ausziehen, um die konkrete Gestalt der Gemeinde zu skizzieren, zu bestimmen, wie tatsächlich jenes Glaubens- und Geschichtsverständnis in der Gemeinde erwachsen kann, das es dem Glauben ermöglicht, zu einem »wirklichen« Glauben zu werden, das heißt, die negativen Mindestbedingungen seiner »Nichtwirklichkeit« zu bestimmen.

### *3.3.3. Die Falsifizierbarkeit in der Gemeinde*

Die Falsifizierbarkeit, also die Fähigkeit, sich solches Handeln einfallen zu lassen (inventare), das den eigenen Gehorsam gegenüber dem Wort Gottes verbürgt, und zwar im Grenzzusammenstoß mit einigen

---

[52] Zum Horizontbegriff vgl. *H.-G. Gadamer,* Wahrheit und Methode, Tübingen [2]1965, 232 ff; 286—290.

konkreten Bedingungen, die die Nichtobjektivität unseres Glaubens erweisen, ist immer etwas Intersubjektives.
Wir haben bereits gesehen, wie schon innerhalb des theoretischen Tuns die Erarbeitung der Basissätze, die eine Theorie falsifizieren können, nur in dem Maße möglich ist, in dem ein gesellschaftlicher und intersubjektiver Prozeß zum Konsens über die Relevanz der Basissätze führt.
Wir haben darüber hinaus festgestellt, daß die Falsifikationsbedingung nur als ein Eingreifen und Handeln gesehen werden kann, in dem sich der Reichtum des Subjekts Ausdruck verschafft.
Dieses Handeln, das wir uns auch als Arbeit, als mit der Wirklichkeit und zwischen den Subjekten vermittelndes Tun vorstellen können, ist seinerseits grundlegend intersubjektiv. Nur eine Gemeinde kann also den Raum abgeben, um die Bedingungen zu schaffen, die mit der Wirklichkeit unvereinbar sind und die als solche einen Zugang unsererseits als nicht objektiv offenbar machen. Was bedeutet das konkret für die christliche Gemeinde?

3.3.3.1. Aufgrund dessen, was wir als zweiten Sinn der Glaubensregel aufgezeigt haben, nach dem die Falsifikationsbedingung eine Regel darstellt, die der Glaube sich selbst gibt, ist es klar, daß nur die Erfahrung christlichen Glaubens in der Gemeinschaft der Gemeinde die strukturelle Basis abgibt, auf der eine falsifizierende Bestimmung entstehen kann. Die ganze Gemeinde, in der Vielfalt der Charismen und Ämter, arbeitet demnach immer tiefer die konkrete Bedeutung der Gemeinschaft im Glauben heraus. Je reicher diese Gemeinschaft der Gemeinde wird, desto inhaltsreicher wird auch die Theorie der Gemeinde, desto stärker gebiert der Glaube Handlungen und Deutungen, die dann leichter gegen gegenteilige Handlungen verstoßen; diese (Gegen-)Bedingungen lassen einen Glauben, der sich in bestimmten Objektivationen nicht selbst aufs Spiel setzt, als inhaltsleer erscheinen. In diesem Sinne ist der Glaube eine schöpferische Fähigkeit, die Bedeutung entdeckt und auf immer neue Beziehungen kommt.
Hier liegt jedoch eine Gefahr: daß das Leben der Gemeinde schwerfällig wird, daß sich die Bedingungen vervielfachen, die dann die Formen der Gemeinschaft allzu sehr festlegen.
Das stände im Gegensatz zur Grundhaltung des Gehorsams, der ja auch Voraussetzung zur Freiheit ist, nämlich Öffnung zum Verstehen jener unvorstellbaren »Neuheit«, die Gott jenseits all unserer Bedingungen hervorbringen kann, um uns auf einen Weg zu weisen, den wir von uns aus nicht zu gehen vermöchten, und um uns der Sünde

zu überführen, die wir dagegen zu ignorieren versuchen. Es käme ein Juridismus und Moralismus auf, die Verbote häuften sich, und die Gemeinde brächte sich selbst um ihre Einfallskraft.
Wir müssen unsere Aufmerksamkeit ganz auf das richten, was Popper für die an logischem Inhalt reicheren Theorien aufgewiesen hat: je weiter eine Theorie ihren Inhalt entwickelt, desto häufiger werden damit die Bedingungen, unter denen dieser Inhalt falsifiziert werden kann, desto unwahrscheinlicher wird die Theorie.
Für die christliche Gemeinde dürfte diese Unwahrscheinlichkeit wohl das Erstarrtsein einer Erfahrung bedeuten, die in einfältigem Gehorsam nicht mehr zu leben ist.
Die Schwierigkeit soll nicht verkannt werden, auch wenn wir es für unmöglich halten, sie mit einer ein für allemal gültigen Lösung zu beantworten.
Jedenfalls ist es nicht die Dürftigkeit unserer Vorstellungen, die die Freiheit verbürgt, sondern ihr Inhaltsreichtum, der immer über das hinausgeht, was wir endgültig fixieren können. Mit anderen Worten: die Garantie für die notwendige Freiheit und den unabdingbaren Pluralismus kann nicht in der Einschränkung der falsifizierenden Inhalte, sondern muß in der Vervielfachung der positiven Inhalte gesucht werden, die in ihrem positiven Reichtum die unableitbare Freiheit des Glaubens gewährleisten werden. Nicht der einfache Mann ist freier, der keine Bedingungen kennt, gegen die er verstoßen kann (zugegeben, daß das dann wahr sei), sondern der Mann ist freier, der, während er eine gewisse Zahl von Haltungen zu den verpflichtenden Bestimmungen zählt, sich viele andere einfallen läßt und entdeckt, die nicht unter das Gesetz der Notwendigkeit fallen.
Deswegen verbürgt der Reichtum an Glauben und an Gemeinschaftserfahrung gleichzeitig die Falsifikationsfähigkeit und die Grenzbedingungen, die die Geschichte immer besser erfassen und die Objektivität der Gemeinschaft und ihre Wirklichkeit offenzulegen vermögen; er verbürgt die Freiheit eines Lebens, das sich nicht in bestimmte Schemata pressen läßt, sondern einem Einbruch des Geistes immer offen bleibt.

3.3.3.2. Die Aufgabe der Theorie (= Theologie) in der Gemeinde besteht also darin, sich als Instrument dieser strukturellen Basis der Gemeinschaftserfahrung zu betrachten. Das heißt, sie stellt das mit angemessener Durchdachtheit und Komplexität erarbeitete Instrument dar, mit dem die Gemeinde sich selbst und die geschichtlichen Umstände immer besser versteht, unter denen sie ihren eigenen Glauben wirksam werden lassen muß. Mit diesem Instrument erfaßt sie auch immer genauer die Mindestbedingungen, unter denen dieser Glaube aufhört, ein wirklicher Glaube zu sein, also unwirksam wird.

Die Theorie ist bei diesem Unternehmen weder das einzige noch das wichtigste Instrument der Gemeinde. Die Theorie sorgt für die Schlüssigkeit und die Wissenschaftlichkeit. Die Wissenschaftlichkeit der Theorie kann in der christlichen Gemeinde, da diese auf dem Gehorsam gegen das Wort Gottes und nicht auf der Autonomie des Verstehens beruht, nicht das entscheidende Kriterium sein.

Es ist nur die Überspitzung der Autonomie des Verstehens in den Engführungen des Formalismus, die als letztes Kriterium kein anderes als die konsequente Durchführung läßt. Wenn dagegen die Totalität von einem konkreten Inhalt, dem Ereignis der Gottesweisheit in Jesus Christus bestimmt wird, dann wird die formelle Garantie der Wissenschaftlichkeit nicht zum letzten Kennzeichen der Theorie, sondern nur zu ihrem spezifischen Merkmal.

Die letzte Determinante bleibt aber, auch für die Theorie der Kirche: die Theologie, der Gehorsam. Ihre spezifische Determinante ist dagegen die Wissenschaftlichkeit. Dadurch wird dieser Beitrag (die Theologie) relativiert, aber nicht negiert. Er wird relativiert, weil er den Beitrag des Spirituellen, des Prophetischen, des Sich-Erbarmens und aller anderen Charismen der Gemeinde nicht an Wert überragt. Aber er wird nicht negiert, weil er in dem für ihn Spezifischen bestätigt wird, das durch die anderen Charismen nicht zu ersetzen ist.

3.3.3.3. Gerade weil es sich bei der Falsifizierbarkeit wesentlich um einen intersubjektiven und gemeinschaftlichen Prozeß handelt, hat die Autorität bei deren Bestimmung eine eigene Aufgabe.

Schließen wir gleich ein Mißverständnis aus: Die Bestimmung der falsifizierenden Bedingungen darf nicht mit den sogenannten »unfehlbaren« Entscheidungen der kirchlichen Autorität in einen Topf geworfen werden. Ein Zusammenfallen ist nicht unbedingt ausgeschlossen, trifft aber für den Großteil der Fälle nicht zu. Das Problem der Unfehlbarkeit der Kirche gehört also wohl zu dem Bereich, der uns hier beschäftigt, hat aber eigene Komponenten, die wir hier nicht erörtern.

Was immer es mit der Unfehlbarkeitsdiskussion auf sich hat, die Funktion der Autorität in der Kirche ruht nicht auf ihrer Unfehlbarkeit. Die Autorität in der Kirche legitimiert sich als unmittelbare »autoritative«, wenn auch nicht als letzte *(norma normata)* Garantin der Gemeinschaft. Die Gemeinschaft beinhaltet nämlich, will sie in

der Geschichte konkret gelebt werden, eine autoritative Funktion, die sie garantiert.
Diese autoritative Funktion stellt sich als die »Funktion« jener Glaubenserfahrung dar, die wir die strukturelle Basis der Gemeinde genannt haben. Sie ist um so wirksamer, je getreuer sie ihre Funktion wahrnimmt, je deutlicher sie ihre Fähigkeit zeigt, die Gemeinschaft und das Wachstum der Charismen zu fördern. Sie besitzt eine unabdingbare »Autorität«, die in ihrem spezifischen Beitrag ebenso notwendig ist wie die anderen Charismen.
Die Autoritätskrise ist die Krise der strukturellen Basis. Ist nämlich eine reiche Glaubens- und Gemeinschaftserfahrung der Gemeinde gegeben, so liegen ja die Bedingungen für einen nicht formalistischen, nicht autoritären und nicht zwangsmäßigen Vollzug des Gemeindelebens vor. Damit wollen wir nicht die Möglichkeit verschweigen, daß von der Autorität zu Zeiten eine Dialektik der Schwerfälligkeit ausgeht. Die Fälle sind zu offenkundig, um sie beweisen zu müssen. Aber das Grundproblem kann nicht im Überbau, sondern muß an der Basis gelöst werden.[53]

### *3.4. Geschichtliche Gestalt der Gemeinde*

Die Kirche, die in den Einzelgemeinden Gestalt annimmt, hat ihren Daseinsgrund in der Sichtbarkeit des Gehorsams. Sie ist berufen, die Geschichte zur Erkenntnis des unausschöpflichen, von Gottes Weisheit erschlossenen Reichtums zu führen (Eph 3,10). Deswegen muß sie in der Geschichte durch ihren Gehorsam das Bedeutungsganze vergegenwärtigen, das in Christi Auferstehung von den Toten verkündigt worden ist. Bei diesem Auftrag der Kirche gegenüber der Geschichte müssen wir uns drei Aufgaben besonders vor Augen halten. Die erste leitet sich aus der radikalen Andersartigkeit der Gottesweisheit her: Die Kirche macht die »Weisheit« des Himmelreiches offenbar! Das gelingt ihr aber nur dann, wenn sie in ihrem eigenen Dasein die Andersartigkeit dieser Weisheit annimmt. Die andere Aufgabe entstammt der radikalen »Doppeldeutigkeit« der Geschichte. Die Gottesweisheit soll nämlich in Situationen gelebt werden, die in ihrer Verschlungenheit nicht immer zu durchdringen sind und daher eine Undurchsichtigkeit behalten, die zur Quelle der Verschiedenheit im Handeln und in den Handlungsweisen wird.

---

[53] Zur Bedeutung dieser Überlegungen vgl. man den Anhang.

Diese beiden Aufgaben setzen jedoch noch eine andere dazwischenliegende, notwendige Aufgabe voraus. Damit man in der unvermeidlichen Undurchsichtigkeit der Geschichte und der daraus sich ergebenden Verschiedenheit der Handlungen nicht der Versuchung erliegt, sich der Gottesweisheit als eines verfälschenden Etikettes der eigenen Weisheit zu bedienen, damit also die Weisheit ihre Wirklichkeit offenkundig mache, muß eine andere Aufgabe festgelegt werden: Es sind Mindestzeichen zu setzen, die einen Gehorsam als falschen Gehorsam bloßlegen.

### *3.4.1. »Um des Himmelreiches willen«*

Es gibt eine Dimension christlicher Existenz, die sich dem autonomen menschlichen Begreifen entzieht. Man kann sie nur als Geschenk empfangen und im Gehorsam annehmen. Es sind die Taten (gesti) »um des Himmelreiches willen« (Mt 19,10—12). In ihnen offenbart sich die Kraft der Gottesweisheit, die gewährt, was der Mensch nicht leisten kann, und die verheißene Zukunft vorausnimmt.

Versöhnung, Gebet, Armut, Jungfräulichkeit, Rechtfertigung, Gerechtigkeit und Freiheit offenbaren, wenn sie ihre echt christliche Dimension erreichen, die Andersartigkeit des Heils, das Gott der Geschichte bereitet hat.

Sicher gibt es auch in der Geschichte Versöhnung. Aber die Versöhnung, die Gott wirkt und die in der Eucharistie ihren vorzüglichen sakramentalen Ausdruck findet,[54] ist eine Gemeinschaft, die wir nicht zu schaffen vermögen. Die Eucharistiefeier stellt eine Versammlung dar, die nicht mehr durch menschliche Motive zustande kommt. Im »Ver-geben« der Vergehen offenbart die Versöhnung ihre Fähigkeit, eine feste Beziehung herzustellen, und zwar nicht im Ausgang von der Geschichte, sondern von Gott her!

Diese Versöhnung überwindet die Sünde, sie macht den Menschen zum »neuen Geschöpf«, das von jetzt ab auf der Grundlage dieser von Christus erwirkten Versöhnung lebt: »Wenn einer in Christus ist, so ist er ein neues Geschöpf. Das Alte ist vergangen; siehe, Neues ist geworden. Das alles aber kommt von Gott her, der uns mit sich versöhnte durch Christus und uns den Dienst der Versöhnung übertrug. Ja, Gott hat in Christus die Welt mit sich versöhnt; er rechnet ihnen ihre Fehltritte nicht mehr an und hat unter uns das Wort der Versöhnung gestiftet ...« (2 Kor 5,17 ff.).

---

[54] Vgl. *J. M. Tillard,* Pénitence et eucharistie, in: La Maison Dieu 90 (1967) 103—131; *ders.,* Das Brot und der Kelch der Versöhnung, in: Concilium 1 (1971) 17—26.

Auch in der Geschichte gibt es bisweilen den von der Not diktierten Hilfeschrei, das spontane Rufen des Gebets. Aber auf Gott zu warten, wenn nichts uns zum Warten veranlaßt; dem Schweigen in uns Raum zu verschaffen, um nach ihm zu rufen — nicht von uns aus, sondern von der Stimme her, die er zuerst in unserer Situation vernehmbar werden ließ, um aus diesem Vernehmen heraus eine Antwort zu entwickeln und zu konzipieren — das ist etwas, was die Vorstellungskraft der Geschichte übersteigt, wenn diese ihre Treue zur eigenen Autonomie aufrechterhalten will.

Die Geschichte ist mit der Armut vertraut, die aus der Ausbeutung des Menschen durch den Menschen und der Klasse durch die Klasse resultiert; die Ausbeutung, die sich mit Hilfe der subtilen Mechanismen der Mehrwertschaffung und der imperialistischen Vorherrschaft der reichen ausbeutenden Völker über die ausgebeuteten Länder vollzieht. Aber die Geschichte weiß nichts von der Armut dessen, der reich war und sich arm machte, um uns mit seiner Armut reich zu machen (2 Kor 8,9). Die christliche Armut besteht also darin, diese Tat des sich Armmachens als Reichtum zu betrachten, um den Armen der Geschichte in der Teilnahme an ihrem Kampf die Gottesherrschaft zu verkünden; aber christliche Armut besteht noch mehr in der Verantwortung für die schon jetzt wirksame christliche Hoffnung.

Es gibt Menschen, die von Natur aus steril sind oder von Menschen dazu gemacht wurden. Aber es gibt auch solche, die die Einsamkeit als Bedingung für ein absolutes Schenken, für eine größere Fruchtbarkeit »um des Himmelreiches willen« auf sich nehmen (Mt 19,12). Auch die Welt vermag für Gerechtigkeit zu sorgen, soweit es ihr gelingt, das Recht zu behaupten. Aber Gott rechtfertigt uns, indem er uns vergibt, und er vermag in uns eine Gerechtigkeit erstehen zu lassen, die nicht aus uns stammt.

Die gesamte Geschichte kämpft für die Freiheit, setzt diese Freiheit aber im Triumph der Autonomie, in der Feier der eigenen Macht an. Die Freiheit der Söhne Gottes, die die Geschichte selbst herbeisehnt und der die Geschichte fähig wäre, wäre sie nicht gegen ihren Willen dem jetzigen Freiheitszustand (Röm 8,19 ff.) unterworfen, ist jedoch eine Freiheit, die von dieser Autonomie frei ist; die Freiheit der Kinder Gottes wird im Gehorsam gefeiert.

All das kann auch »geschichtlich« erfolglos bleiben. Aber gerade diese Erfolglosigkeit, diese Armut, macht den Reichtum und die primäre Verantwortung der Kirche aus, und zwar nicht nur eines Teiles von ihr, sondern der ganzen Gemeinde in der gegenseitigen und mannigfaltigen Verflechtung der Charismen und der wechselseitigen Verantwortung für die Gemeinschaft. In diesem Reichtum und in dieser Verantwortung wird der Welt die Stärke der Schwachheit Gottes und die Weisheit der Torheit Gottes verkündet (1 Kor 1,25). Hier lernt sie, daß das Heil, das Gott ihr verheißen hat, wirklich das Heil Gottes und nicht das eigene Heil ist.

So ersteht in dem Maße eines treuen Gehorsams ein anderer Verständnishorizont, eine andere Wirklichkeit und eine dementsprechende Hermeneutik. Die Eingrenzung der Kirche auf die Privatsphäre kann zu einer *Chance* werden, um die Andersartigkeit dieses Horizontes um so klarer vor Augen zu führen. In dem Maße, in dem er für die Geschichte »neu« ist, wird er nie »gesellschaftlich selbstverständlich« sein, weil die Welt das nicht lieben kann, was nicht von ihr ist (Joh 15,19). Und soweit er eine Sendung in Geschichte und Welt hinein begründet, begründet er auch nie das ruhige Getto eines Konventikeldaseins von Eingeweihten, sondern wird gerade in der Geschichte jene Mindestzeichen aufpflanzen, die die Wirklichkeit der Weisheit und Neuheit Gottes offen darlegen: die falsifizierenden Vermittlungen.

### *3.4.2. Die doppeldeutigen Vermittlungen*

Bevor wir von den falsifizierenden Vermittlungen[55] des christlichen »Ereignisses« sprechen, die — wenn sie fehlen — unmißverständlich die Nichtwirklichkeit des Glaubens der Gemeinde kundtun, müssen wir auf die doppeldeutigen Vermittlungen des christlichen Ereignisses in der Geschichte hinweisen.

Weil die Geschichte, insofern sie »Gesetz« ist, den Sieg Christi nicht anerkennt und sich aus eigener Kraft selbst zu rechtfertigen versucht, erlaubt sie in der Regel nur solche Vermittlungen, die in bezug auf das Himmelreich doppeldeutig sind. Gewöhnlich stellt sich nämlich die Geschichte als ein Dickicht dar, in dem Bedeutung des Schenkens und Sinn des Eroberns und — innerhalb des Sinnes des Eroberns — redliches Sich-Abmühen und blinde Überheblichkeit, Sünde und Gnade sich unentwirrbar ineinander verschlingen. Auch das Zeugnis der Gemeinde teilt diese Doppeldeutigkeit, soweit es sich in der Geschichte entfaltet.

Von hier aus begreift man das »Risiko« allen christlichen Aufbauens: »Denn einen anderen Grund vermag niemand zu legen als den, der

---

[55] Wir greifen hier auf den Begriff der »Vermittlung« zurück, wie er von uns verstanden wird: »Besonderheit« eines Handelns, das, ohne sich mit der Totalität, die es vermittelt, gleichzusetzen, dennoch ohne jene unverstehbar ist und deswegen, wenn auch negativ, auf sie verweist.

gelegt ist, und das ist Jesus Christus. Ob aber einer auf diesem Grund aufbaut Gold, Silber, kostbare Quadern, Holz, Heu, Stroh ... der Tag des Herrn wird es ausweisen« (1 Kor 3,11—12). Diese Doppeldeutigkeit ist als solche nicht Folge der Sünde, wenigstens nicht direkt und notwendig, sondern die Ausgangssituation für das Heil der jetzigen Zeit.

Das Risiko der Doppeldeutigkeit bedeutet jedoch nicht Gleichgültigkeit oder Willkür. »Geschichte« ist der Zustand, in dem das Heil seine Wirksamkeit entfaltet. Wir können also nicht anders, als zweideutig handeln. Der Perfektionismus macht nicht das Erkennungszeichen eines Christen aus, sondern einzig das Ideal des »Reinen«. Perfektionismus ist Katharismus, die Kirche hat ihn nie als notwendige Voraussetzung anerkannt.

Diese Doppeldeutigkeit markiert die Teilnahme der Kirche am Aufbau der Geschichte gerade deswegen, weil die Geschichte nie außerhalb der Kirche und die Kirche nie außerhalb der Geschichte steht.

Aus den doppeldeutigen Vermittlungen läßt sich außer den unvermeidbaren mannigfaltigen Haltungen der verschiedenen Gemeinden auch die Vielfalt der Haltung der einzelnen erklären, aus denen sich eine Gemeinde zusammensetzt. Es ist tatsächlich unmöglich, die Früchte des Glaubens auf einen einzigen Nenner zurückzuführen. Die christliche Erfahrung gestaltet sich in der Geschichte unvermeidbar auf vielfältige und vielfache Art entsprechend den verschiedenen Berufungen der einzelnen oder Gruppen. Der Reichtum christlicher Erfahrung wird sich an seiner Fähigkeit erweisen, in der Einheit von Glaube, Hoffnung und Liebe eine vielfache Verflechtung von Deutungen und Handlungen zu schaffen.

Darüber hinaus bilden die doppeldeutigen Vermittlungen den Grund dafür, daß die Gemeinde als solche die eigene »Privatisierung« nicht als ungerechten Zustand empfinden kann. In der Differenz von kirchlichem und gesellschaftlichem Horizont muß der Christ notwendig — und innerhalb des gesellschaftlichen Horizontes mit noch mehr Recht als innerhalb des kirchlichen — der unvermeidbaren Komplexität der Beziehungen Rechnung tragen, die substantiell verschieden sind und nicht auf die Gemeinschaftsbeziehungen reduziert werden können; sie sind aber deswegen der Herrschaft des auferstandenen Christus nicht entzogen. Im Risiko der eigenen Kreativität und personalen Freiheit ist der Christ aufgerufen, außerhalb des Schutzes der Gemeinde, ob gelegen oder ungelegen, seine eigene Glaubens*verantwortung* zu leben. Die nicht zu beseitigende Doppeldeutigkeit des Handelns ist kein hinreichender Grund, sich nicht handelnd zu engagie-

ren oder das Handeln als irrelevant zu betrachten. Die Doppeldeutigkeit ist vielmehr der Normalzustand auf unserer Pilgerfahrt in der Geschichte. Auch die Taten »um des Himmelreiches willen« spielen sich innerhalb und nie außerhalb der Geschichte ab. Sie lassen allein die Sünde, jedoch nicht die Doppeldeutigkeit zu. Als solche bezwingen sie nämlich das verschlungene Dickicht der Geschichte und offenbaren in dem Maße ihrer Treue zur Gnade »unzweideutig« das Himmelreich. In der Sünde werden sie verdorben und verlieren ihren unzweideutigen Zeichencharakter. In diesem Falle aber werden sie weder durch das Dickicht der Geschichte zweideutig gemacht noch durch die jetzige Heilssituation undurchsichtig; schuld daran ist vielmehr das Geheimnis der Freiheit und der menschlichen Verweigerung.
Die zweideutigen Vermittlungen bleiben dagegen auch in der Treue zur Gnade zweideutig. Sie rekrutieren sich aus all jenen Handlungen, die vorwiegend durch die Logik der Geschichte veranlaßt werden. Ihr »Stoff« deckt sich mit dem, was bei der Sinnerarbeitung aufgebaut wird. Das verschlungene Dickicht dieses Stoffes macht das volle Offenbarwerden des Sieges Christi unmöglich: es ist jedoch nicht Sünde, sondern eben »Doppeldeutigkeit«, Möglichkeit zur Sünde und zum Heil zur gleichen Zeit.
Die Taten um des Himmelreiches willen und die doppeldeutigen Vermittlungen stellen jedoch nicht die einzige Äußerung des Gemeindelebens dar. Die geschichtliche Gestalt der Gemeinde wird nicht allein von rein ungeschuldeter Gnade und von Merkmalen geprägt, die sie verbergen und nicht wiedererkennen lassen. Gerade damit diese ungeschuldet gewährte Gnade ihre »Wirklichkeit« kundtue, damit sie sich nicht hinter dem bequemen Schild des Pluralismus und der Zweideutigkeit verstecke und die »Last« des Gehorsams offenkundig mache, muß die Kirche »falsifizierende« Vermittlungen beibringen.

### *3.4.3. Die falsifizierenden Vermittlungen*

Wenn auch die Auferstehung Christi in der Geschichte noch nicht gänzlich vollendet ist und diese daher in der Regel in der Verschlungenheit einer grundlegenden Doppeldeutigkeit beläßt, so ist doch ihr Anfang tatsächlich gemacht und uns ein Pfand dieses künftigen Geschehens übergeben worden. Und in dem Maße, in dem dieser Anfang ein »wirklicher« ist, muß es Zeichen für diese »Wirklichkeit« geben. Diese können sich nicht bloß in den Taten um des Himmelreiches willen erschöpfen. Denn wenn diese Taten keine unzweideutige Konkretion erfahren, künden sie wohl vom Sieg Christi über die Gläubigen und die Kirche, die Christus anerkennt, nicht aber über die Geschichte, die Christus nicht anerkennt und sich damit der Bedeutung verschließt, die Gott in ihr wirken will. Die Taten um des Himmelreiches willen können tatsächlich »neben« der Geschichte, im existentiellen Horizont der Kirche verbleiben. Andererseits könnte sich die Geschichte dadurch von der Bedeutung Gottes abschirmen, daß sie seine Weisheit nur für die (»Privat«-)Sphäre der Kirche für gültig hält. Die Kirche wiederum könnte das ihr verliehene Heil als bequeme Sicherheit ansehen und sich damit der Aufgabe entziehen, die Gottesweisheit konkret Gestalt werden zu lassen.

Wenn die Versöhnung, das Gebet, die Gerechtigkeit und die Freiheit Gottes die Geschichte nicht durchdringen, wenn die Gnadenhaftigkeit jungfräulichen Lebens und christlicher Armut keine gegenüber der Geschichte unzweideutigen Vermittlung hervorbringen, wie wird die Geschichte dann durch die Kirche, aber in sich selbst, der »Wirklichkeit« der Gottesweisheit innewerden?

Die falsifizierenden Vermittlungen sind nun diese unzweideutige Konkretion, die die Taten um des Himmelreiches willen, das »Neue« der Gottesweisheit, in der Geschichte im Rahmen ihrer komplexen Struktur hervorbringen.

Das soll nicht bedeuten, daß die falsifizierenden Vermittlungen, also jene Vermittlungen, deren Nichtsetzung durch die Gemeinde die Unwirklichkeit ihres Gehorsams und die Flucht dieses Gehorsams vor der Geschichte bloßlegen, innerhalb des Verständnishorizonts der Geschichte als solcher in ihrer Bedeutung verstanden werden können. Denn jeder Horizont bedingt das Begreifen der Bedeutung, der sich auf ihm abzeichnenden Elemente. Die Geschichte (bürgerliche Gesellschaft; Staat; Privatsphäre, die jedoch funktional zu einem autonomen Sinn der Geschichte reduziert wird; autonome Suche nach Totalität) als solche aber läßt die Totalität des christlichen Horizontes nicht zu. Daher wird nur das geschichtliche Aufkommen einer anderen Totalität, eines anderen, vom Gehorsam um des Himmelreiches willen bestimmten Verstehenshorizontes der Geschichte die Möglichkeit bieten, die letzte Bedeutung dieser Falsifizierungen zu verstehen.

In ihrer Eigenschaft als genetische und gleichzeitig hermeneutische Voraussetzung vermag die Gemeinde kraft der in ihr schon lebendigen »Neuheit« die Dialektik des christlichen Ereignisses in der Vielfältigkeit der Handlungen und Vermittlungen in die Geschichte hineinzutragen. Die Struktur der christlichen Gemeinde (verschiedene Charismen von der Theologie über Autorität, Jungfräulichkeit und Liebe, bis zur Armut und Prophetie usw. — Sakramente, Gemeinschaft, Schrift, Tradition, Institution) muß konkret als diese hermeneutische und genetische Voraussetzung verstanden werden. Diese Struktur ist hier als »Ineinandergreifen« (Eph 4,16) in der neuen durch Christi Versöhnung erwirkten Gemeinschaft zu verstehen.

Diese Struktur muß in ihrer Ursprünglichkeit wie in ihrer geschichtlich sichtbaren Wirklichkeit in den Blick kommen.

Soweit sie vom Geist des Auferstandenen geschaffen ist, kann sie in ihrer Ursprünglichkeit die Christen in alle Wahrheit, in das Verständnis und die Konzipierung der Taten des Glaubens einführen. Einzig diese vom Geist geschenkte Ursprünglichkeit der hermeneutischen Struktur erlaubt es, die »Wahrheit« zu erfassen, die jede Vermittlung übersteigt.

In ihrer Sichtbarkeit gestattet die existential hermeneutische Struktur der Gemeinde die Konzipierung der falsifizierenden Vermittlungen, die die Mindestzeichen der Gemeinschaft festlegen.

Ohne diese hermeneutische Struktur, die mit dem Ineinandergreifen der Charismen und Ämter identisch ist, die die »neue« Gestalt der Gemeinschaft ausmachen, ist alle Rede über die Vermittlung des christlichen Ereignisses eine rein formalistische und müßige Angelegenheit, müßig deshalb, weil die Vermittlungen dann faktisch von anderen, nicht mehr gehorsamsbestimmten Verstehenshorizonten ausgehen; formalistisch, weil man dann Handlungen erzwingen will, die der strukturellen Wirklichkeit der Gemeinde nicht entsprechen.

Ohne die strukturellen hermeneutischen Voraussetzungen wird alles Reden von Vermittlungen sehr leicht mißverständlich und zum bequemen Vorwand für verschiedenste Verfälschungen.

### *3.5. Gemeinde und Geschichte: Kritik der »Versehen«*

Versuchen wir unsere Gedanken abzuschließen, indem wir einige Überlegungen anfügen, die vor allem verständlich machen sollen, wie gerade die Rolle des Gehorsams im Ereignis der Totalität die Möglichkeit schafft, die Leerstellen jener Totalitäten zu erfassen, die dem Gehorsam auszuweichen versuchen. Unsere Zeilen bilden keine Apologie, die einen rein geschichts-»immanenten« Weg zu gehen vorgibt. Auch solche Apologie bewegt sich innerhalb des Glaubens. Sie stellt jenes »Den-Weg-Bereiten« dar, das aus dem Bewußtsein resultiert, daß Christus bereits erschienen ist. »Es ist nicht unser Weg zu ihm, sondern sein Weg zu uns, der bereitet werden soll und der mir

in dem Wissen bereitet werden kann, daß er ihn sich selbst bereiten muß.«[56]
Eine »natürliche Theologie« bleibt immer notwendig, aber sie ist schon immer ein Werk des Geistes, Pneumatologie;[57] ihr Grund ist bereits im Sieg des Auferstandenen gelegt, der einen Weg auszudenken erlaubt, auf dem dieser Sieg wieder »herabsteigen« könnte.

*3.5.1. Die hermeneutische Fruchtbarkeit des Gehorsams*

Gehorsam ist kein leerer Formalismus, sondern ein tieferes Einsehen.[58] Indem er das Hereinbrechen eines ganz anderen Geschehens erlaubt, rückt er den ganzen Prozeß menschlichen Verstehens und Handelns in das strahlende Licht dieses Geschehens. Dieser Prozeß sieht sich so in seinen verborgensten Winkeln erhellt, die sonst nie zum Vorschein gekommen wären. Es gibt da einen ganzen Fragenkomplex des geschöpflichen Seins, der nur aus dem Glauben heraus zu Gesicht kommen kann. Dieser Fragenkomplex ist die Vorbedingung einer tieferen Erkenntnis aus dem Gehorsam heraus. Insofern der Gehorsam das Hereinbrechen eines neuen Geschehens gestattet, ruft er das Lesen der Versehen hervor, das — ansonsten unmöglich — den Zugang (zur Wirklichkeit) bloßlegt und seiner Eigenart überführt. Das Lesen und tiefere Erkennen enthüllen keine sonst verborgenen Wirklichkeiten, sondern sind *Folge einer neuen Beziehung* zu einer neuen Wirklichkeit. Gerade weil das Christusereignis neue Beziehungen unter den Dingen knüpft, erlaubt der Gehorsam das Lesen der Versehen derjenigen Verstehenshorizonte, die die »Neuheit« der Gottesweisheit ignorieren.
Es handelt sich also nicht um eine »übernatürliche« Sublimierung, die der natürlichen Wirklichkeit eine größere Tiefe zulegte, sondern um

---

56 *D. Bonhoeffer,* Ethik, 149 f.

57 *J. Moltmann,* Perspektiven der Theologie, 30 f. Dieses Faktum hat wichtige Konsequenzen. Es genügt tatsächlich nicht (wie es beispielsweise *K. Rahner,* Hörer des Wortes, München 1963, 28, Anm. 12, tut) nur zu behaupten, daß auch rein »philosophische« Ausführungen über den Menschen, der der Möglichkeit eines geschichtlichen Ergehens des Wortes gegenüber offen ist, dem tatsächlichen Vernehmen der Offenbarung nicht notwendig vorausgehen müssen. Es gilt die Konsequenzen aus dieser Behauptung bis zum Ende zu ziehen und zu begreifen, daß dann auch ein Versagen vom Wort her gedacht werden muß, damit dieses dann nicht auf ein Gleis gezwungen wird, das es tatsächlich einengt. Diesen Vorgang rein äußerlich (estrinsecistico) zu denken, wie einige es tun, heißt tatsächlich von einer dualistischen Sicht der Natur und Geschichte ausgehen, die, in unserer konkreten Lage und der gegenwärtigen Heilsökonomie, rein willkürlich ist.

58 Vgl. *H. U. von Balthasar,* Herrlichkeit, 132—133.

das für eine andere Konstellation, in der das Geschöpf kraft des Christusgeschehens sich vorfindet, notwendige Lesen. Christliches Lesen der Wirklichkeit ist also kein ästhetischeres, verfeinerteres, wissenschaftlicheres, philosophischeres oder sonst ein Lesen, sondern einfach nur ein anderes, weil »christliches« Lesen; denn es rechnet mit den Beziehungen und der Neuheit, die das Christusgeschehen gebracht hat.

Diese Beziehungen sind keineswegs etwas, das zur Wirklichkeit obendrein dazukommt. Vielmehr kann die Geschichte ohne diese Beziehungen nicht »heil« sein; sie machen die Wirklichkeit zu dem, was sie ist, wenn auch auf dem Wege des Gehorsams: Wer sein Leben retten will, muß es verlieren. Die neuen Beziehungen, die der Gehorsam stiftet und in der Wirklichkeit zu entdecken erlaubt, ist die Wirklichkeit selbst, die »neu« gemacht und nicht nur sublimiert, interiorisiert, verschönt oder ähnlich überarbeitet wird. Aber die Wirklichkeit ist nur insofern neu, als es ein Ereignis gibt, aus dem heraus sie im Gehorsam wiedergeboren werden kann: Christus. Damit jedoch all das Wirklichkeit werde, muß es durch die konkrete Fruchtbarkeit der Hermeneutik der Gemeinde erwiesen werden. Gerade ihre Fähigkeit, die Versehen der Geschichte zu erfassen, also die »Neuheit« zu erweisen, deren sich die Geschichte beraubt, wenn sie Christus zurückweist, macht christliche Heilsverkündigung wirklich und nicht nur wahr!

Der Gehorsam wird so gerade in seiner hermeneutischen Kraft zur Vorbedingung der Freiheit. Denn Freiheit bedeutet nicht zuerst Autonomie. Warum nicht? Weil nicht die Rebellion, sondern der Besitz die Freiheit qualifiziert. Freiheit ist nämlich nur in dem Maße möglich, als man ihr beläßt, was ihr zugehört. Nur eine umfassendere Totalität erlaubt deswegen eine umfassendere Freiheit. Einzig im Christusgeschehen wird der Mensch durch das Ereignis der Totalität befreit, wird er in der Absage an jegliche Verabsolutierung eines Teilelements des Systems von seiner eigenen Freiheit befreit. Im Gehorsam ist die Freiheit des Menschen nicht mehr an den Umsturz der Strukturen, an die Gerissenheit im Spiel um die bürgerliche Ausgeglichenheit, an das Vergnügen an entzauberter und illusionsloser Bitterkeit oder an das schöpferische Fieber einer überspannten Existenz gebunden. All das wird im Gehorsam von sich selbst befreit, wird zur Bedingung eines größeren Geschehens, wird zum »Neuen« der Neuheit einer Beziehung gemacht, die uns geschenkt wird. In dieser »Wiedergeburt« wird der Mensch befähigt, seine eigene Begrenzung, die Sünde, in die er sich verstrickt, zu begreifen, um sich der Wahrheit zu eröffnen, die frei macht. Der Gehorsam ist aber nicht nur Vorbedingung der Freiheit, sondern er selbst ist nicht anders als in Freiheit möglich; Freiheit erweist sich so als mit dem Gehorsam identisch. Wir können sie nur in dem Maße erobern, in dem Gott sie uns zukommen läßt, und nur darin können wir den Gehorsam leben. Um das zu begreifen, müssen wir uns vor Augen halten, daß es tatsächlich nicht mehr als zwei Korrekturen des Totalitätsprozesses gibt. Das Verstehen, das eine notwendige Verfaßtheit des geschichtlichen Menschen darstellt, korrigiert nicht, sondern schafft nur andere Perspektiven und damit anders erfaßte Werte. Zu Korrekturen ist es unfähig. Wenn überhaupt, so korrigiert es sich selbst in der Wende der Wahl.

Vermag dagegen die Theorie aufgrund ihrer »tendentiellen« Neutralität und Objektivität wirklich der Versehen zu überführen? Sie korrigiert doch nur, wenn sie schon in eine Totalität aufgenommen ist; das heißt, wenn die Vermittlung, deren sie sich zur Falsifikation bedient, als die »besondere« Vermittlung einer Totalität angenommen ist, die deren Verständnis und Relevanz ermöglicht. Eben deswegen ist die theoretische Korrektur steril. Sie wird von einer Verschleierungstaktik bezwungen, die die Totalität wieder ins Gleichgewicht zu bringen trachtet, indem sie die wissenschaftlich eingeführten Elemente annimmt, aber dabei so vorgeht, daß das Grundverständnis nicht in Frage gestellt wird. Das Verstehen ist also auf Selbsterhaltung aus und sucht in der wissenschaftlichen Korrektur entweder die Bestätigung für die Richtigkeit der eigenen Perspektiven oder die Voraussetzung für eine Verbesserung zu finden, die jedoch mit der Verfestigung des eigenen Verständnishorizontes endet. Allein der Gehorsam, der das Verstehen einer Weisheit überträgt, die das Verstehen überragt, kann daher durch das Eingreifen einer Wirklichkeit und eines »neuen« Geschehens das Verstehen korrigieren.

Während es dem Verstehen gelingt, sich den Korrekturen der Theorie zu unterwerfen, ist es bemüht, die grundlegenden Korrekturen von seiten des Gehorsams abzutun. Es trachtet den Gehorsam zu verwerfen, indem es ihn entweder ausdrücklich verneint, oder versucht, ihn mit der Korrektur durch Theorie gleichzusetzen; das heißt, es versucht seinen Charakter eines totalen Gerichts auszuschalten und ihn statt dessen als »Bestätigung« oder als »Verbesserung« der eigenen Richtung anzunehmen. Diese Beobachtung bestätigt sich beispielsweise in allen Theologien, die ihre Gültigkeit durch die Rechtfertigung und naive Übertreibung der Verstehensmomente beweisen. Wir haben es dann mit einem seiner »Andersartigkeit« beraubten Gehorsam zu tun,

der sich seine Hörner abgestoßen hat. Mit anderen Worten: Er ist zu einer Haltung geschrumpft, die einer korrekteren und umfassenderen »Theorie« der Wirklichkeit folgt.
Demnach gelingt es allein dem freien Verstehen, diesem Verschleierungsversuch zu entrinnen. Es lebt den Gehorsam in einer Freiheit, die nicht die Freiheit des Verstehens ist, auch wenn sie das Verstehen wirklich befreit. Einzig das Verstehen, das von sich selbst frei ist, kann die Freiheit empfangen, die ihm von Gottes Weisheit eröffnet wird.
Dieser Weisheit ist die Gemeinde treu, wenn sie Gehorsam und Freiheit im Vollzug lebt, wenn sie die beständige Schöpfung im Geist des Auferstandenen, in der unaufhörlichen Überwindung der Schemata, in der fortdauernden Infragestellung der verschiedenen Verstehensmodelle und der aufmerksamen Teilnahme am Gang der Wahrheit und Gerechtigkeit Gottes feiert, wo immer diese ihre Schritte mit denen der Menschen verbinden. Die »Privatisierung« der Kirche bedeutet in diesem Sinn kein Hindernis, weil das Ereignis christlicher Totalität hinter keinem Riegel eingefangen werden kann. Sowohl gegenüber anderen Bereichen der Privatsphäre als auch gegenüber der bürgerlichen Gesellschaft und dem Staat bewahrt die Gemeinde unverändert ihre *Verantwortung* für die Hoffnung und die Geschichte. Ja, gerade in der »Privatisierung« kann sie die Bedingungen entdecken, um das subtile Netz des »gesellschaftlich Selbstverständlichen« zu durchstoßen und der Welt und der Geschichte die »Neuheit« kundzutun, die die Gemeinde zur Gemeinde macht.
Diese »Privatisierung« der Kirche, ihr Herausgedrängtwerden aus der bürgerlichen Gesellschaft, kann zur Voraussetzung für eine andere, desinteressierte Teilnahme am Geschick der Geschichte werden, dergestalt, daß ein »neues« Interesse hervorgerufen wird, das menschliches Verstehen von Grund auf umorientiert. Die Offenbarung der Gottesweisheit ist kein heiliges »Schauspiel« vor den Zuschauern der Geschichte, sondern ein Mithineingehen und ein Teilen ihres Geschicks in gehorsamer Treue zu ihrem Wort und in einer Freiheit, zu der nur der Glaube die Kraft hat!

### *3.5.2. Hinführung zum Gehorsam*

Das Handeln, das zum Gehorsam und damit zum Glauben zu erziehen bemüht ist, sei es innerhalb oder außerhalb der Gemeinde, kann kurz als Individuation, als Annehmen und schließlich nicht anders denn als Gehorsam beschrieben werden. Zunächst gibt es »die Leiden dieser

Zeit« (Röm 8,18), die auf den einzelnen bezogen und im Glauben entdeckt werden müssen. Wir haben diese Individuation auch als Lesen der Versehen bezeichnet. Sie ist nur aus dem Glauben heraus möglich. Sie weiß den in jeder Situation vorhandenen religiösen Sinn, jenes Warten auf Gott zu erfassen, von dem her das Ereignis christlicher Totalität anzusetzen ist. Röm 8,18 ff. beschreibt dieses Harren der Schöpfung als Freiheitsprozeß.

Dennoch können Harren und Leiden der Geschichte verschiedene Formen annehmen. Obligatorische Wege sind hier nicht vorzuschreiben. Das Neue Testament eröffnet uns verschiedene Verkündigungsmodelle, in denen der Ansatzpunkt, das heißt die Erwartung, auf die eine Antwort zu geben ist, indem man eine ganz andere Frage stellt, verschieden gefaßt und befragt wird. Von der Freiheitssehnsucht im zitierten Abschnitt (Röm 8) spannt sich der Bogen über die Suche nach der letzten Wahrheit und nach Gott in der Areopagrede an die Athener bis zur typisch jüdischen Heilsproblematik in der Apostelgeschichte.

Man muß also jedesmal die wirkliche Situation aufzunehmen wissen. Dieses Aufnehmen ist ein Aufsichnehmen der Erwartung, die Bewegung in die jeweilige Situation bringt. Gerade weil es ein Aufnehmen ist, ist es keine Ausnutzung der Schwäche der Situation und keine Kritik der Versehen in einem Moment der Abgespanntheit und Müdigkeit des Gegners, sondern die Gemeinsamkeit auf einem Weg, der zusammen in die Glaubensverantwortung führen soll.

Es gibt also keine Hinführung (und damit keine Verkündigung) ohne sich anzupassen, ohne die Situation mitzutragen und mit in sie hineinzugehen, ebenso wie Christus uns, indem er unsere Situation ganz und gar mittrug, zur Anerkennung der Liebe des Vaters geführt hat. Dieses Mittragen endet jedoch am Kreuz, im Gehorsam; unverändert hält es die Forderung aufrecht, daß wir mehr als uns selbst und unseren Forderungen, unseren Affekten und Intuitionen, der Wissenschaftlichkeit unserer Theorien und der Autonomie unseres Verstehens Gott gehorchen: »Ob es vor Gott recht ist, euch mehr zu gehorchen als Gott?« (Apg 4,19)

In der Hinführung zum Glauben geht es nicht so sehr darum, jedesmal alle Elemente »wiederzugewinnen«, die scheinbar außerhalb bleiben (Forderungen des Menschseins, der Wissenschaftlichkeit, der Komplexität der Situation und der Person); das wird immer zu einer zusammengeflickten, unbeständigen und starren Synthese führen. Vielmehr geht es jeweils darum, der Kraft Gottes die Möglichkeit zur Schöpfung von etwas »Neuem« zu geben, das alles heil zu machen weiß — aber anders als wir uns das vorstellen! Das gelingt nicht durch die Berechnung dessen, was wir geben, und auch nicht durch die stille Voraussetzung, daß wir hundertfach und den Rest im Überfluß haben werden. Es steht nicht bei uns, hundertfältige Frucht zu erzwingen. Sie ist das Werk Gottes. Und es steht uns nicht an, darum zu bitten, im Reich des Herrn zu seiner Rechten und zu seiner Linken zu sitzen. Wir haben nur den Gehorsam aufzubringen, den Mut »den Kelch zu trinken, den ich trinken werde, und mit der Taufe getauft zu werden, mit der ich getauft werde« (Mk 10,38). Die hundertfältige Frucht und das Sitzen zur Rechten übersteigt unsere Vorstellungskraft. Denn es ist nicht unser Werk, sondern das »Neue« Gottes: »Ihr wißt nicht, um was ihr bittet« (Mk 10,38).

# *Gramscis Modell der Funktion des Intellektuellen und seine Anwendung in der hermeneutisch-theologischen Diskussion*

*Dieser Anhang gibt einen Beitrag für den IV. Convegno Nazionale dell'Associazione Teologica Italiana wieder. Wir lassen ihn hier folgen, weil er zum besseren Verständnis einiger Aussagen des dritten Teiles dienen kann. Die Abhängigkeit von einem bestimmten »Modell« bringt es mit sich, daß der Denkansatz dieses Beitrags sich nicht vollständig mit dem über die hermeneutische Totalität Gesagten deckt. Vor allem muß man sich vor Augen halten, daß »Theorie« in diesem Beitrag beträchtlich weiter gefaßt ist als im dritten Teil des Buches.*

*Der vorliegende Text ist erschienen in »Dimensione Antropologica della teologia« (Atti del IV Convegno Nazionale dell' Associazione Teologica Italiana), Editrice Ancora, Mailand 1971.*

## *1. Das Problem der theologischen Anthropologie*

Karl Rahners Position in der Bestimmung des Verhältnisses von Theologie und Anthropologie dürfte für die katholische Theologie exemplarische Geltung haben: »Was der Mensch sei, ist theologisch nicht Aussage einer Disziplin neben anderen, sondern die Aussage des Ganzen überhaupt. Denn es gibt keinen Gegenstandsbereich (mindestens seit der Menschwerdung des Logos), der nicht formell (und nicht bloß indirekt und reduktiv) in die theologische Anthropologie hineingezogen wäre: theologische Anthropologie ist so auch das Ganze der Theologie.«[1] Theologische Anthropologie »als *ursprüngliche, umfassende Einheit«* der Theologie[2] beruht auf folgender Überzeugung: »Der (christlich glaubende) Mensch weiß sich trotz seiner Geschöpflichkeit und Sündigkeit und in ihr von Gott geschichtlich angesprochen, und zwar mit dem Wort absoluter, freier, also gnadenhafter Selbsterschließung.«[3] Die Theologie, die so zur theologischen Anthropologie geworden ist, steht trotzdem innerhalb des Horizontes der

[1] *K. Rahner,* Theologische Anthropologie, in: Sacramentum Mundi I, Sp. 177—178.

[2] Ebd. Sp. 177.

[3] Ebd. Sp. 182.

Offenbarung Gottes und nicht etwa innerhalb des Horizontes irgendeiner Anthropologie. Eine gegenteilige Lösung »brächte die Theologie in innere Abhängigkeit von anderen Anthropologien«.[4]
Dennoch wirft gerade dieser letzte Satz die größten Probleme auf. Denn jeglicher Ansatz dieser Art muß zwangsläufig nicht nur davon ausgehen, daß der Mensch in dem Gesamt seiner geschichtlichen Existenz von der absoluten Offenbarung Gottes wirklich angesprochen wird, sondern ebenso davon überzeugt sein, daß das Gesamt menschlicher Existenz wirklich ansprechbar ist. Es ist also unmöglich das Ganze der Theologie als theologische Anthropologie zu verstehen, ohne gleichzeitig die transzendentale Bezogenheit auf Gott als die fundamentale philosophische Bestimmtheit des Menschen anzunehmen, wie auch immer man dann diese Grundverfaßtheit menschlichen Daseins bestimmen will.[5] Worum handelt es sich nun? Um theologische Anthropologie oder um anthropologische Theologie? Mit anderen Worten: Warum behält die theologische Anthropologie ihren letzten Horizont in der geschichtlichen Offenbarung Gottes, statt in einem anthropologischen Horizont gefangen zu bleiben, der beliebig zu rechtfertigen ist? Wie stellen wir von Fall zu Fall fest, ob unser Vorverständnis und unser Eigenbewußtsein es sind, die die Offenbarung Gottes in sich integrieren, statt umgekehrt? Eine Wechselbeziehung zu behaupten ist ganz offensichtlich unzureichend.[6] Es gilt nachzuprüfen, welcher der beiden Begriffe der wirklich bestimmende ist.
Hier könnte die Frage aufkommen, ob es überhaupt richtig ist, von den Implikationen der theologischen Anthropologie in diesen Begriffen zu reden. Denn um die wahre Tragweite einer Problematik zu verstehen, genügt es nicht, die fraglichen Aussagen ins Auge zu fassen. Ebenso und vor allem gilt es die ursprüngliche Frage zu erfassen, die in der Antwort zuweilen gar nicht vorkommt, zuweilen auch in

---

[4] Ebd. Sp. 181.

[5] Zum Beweis dieser Annahme kann man neben *K. Rahner,* Hörer des Wortes, die ausführliche Darlegung einer bestimmten philosophischen Anthropologie als Erklärung des Satzes »gratia praesupponit naturam« bei einem Autor nachlesen, der dieser Tendenz gegenüber sehr offen ist, wie *E. Schillebeeckx,* Die Funktion des Glaubens im menschlichen Selbstverständnis, in: *T. Patrick Burke* (Hrsg.), Künftige Aufgaben der Theologie, München 1967, 66—81.

[6] Vgl. beispielsweise die Doppeldeutigkeit, in der Schillebeeckx' zitierter Artikel bei der Bestimmung der Wechselwirkung zwischen Offenbarung und menschlichem Selbstverständnis verbleibt: »Er offenbart sich selbst, indem Er dem Menschen dessen eigene Tiefendimension enthüllt und offenbart.« (ebd. 76) Eine Beziehung zwischen zwei Begriffen zu behaupten heißt noch nicht, die besondere Art und Weise dieser Beziehung zu qualifizieren, um damit ihre Hauptdeterminante zu erfassen.

der Antwort einfach nicht wahrgenommen wird, die aber die angesprochene Problematik bestimmt.[7] Die theologische Anthropologie als »das Ganze« der Theologie aufzufassen, stellt unserer Meinung nach nur eine der möglichen Antworten auf eine Frage dar, und zwar auf die Frage: Worin besteht die Relevanz der Offenbarung und insbesondere der traditionellen Glaubensformulierungen für Mensch und Geschichte? (Es ist daher kein Zufall, daß diese Auffassung häufig mit dem Problem der Dogmeninterpretation in Verbindung gebracht wird.) Die in der Auffassung von theologischer Anthropologie enthaltene Antwort bringt eine mögliche, besondere Formulierung eines allgemeineren und grundlegenderen Problems zur Sprache. Beispiele für verschiedene Formulierungen desselben Grundproblems begegnen uns in den alten und neuen Argumenten für die Existenz Gottes,[8] in dem von dem Satz »gratia praesupponit naturam«[9] aufgeworfenen Problem, in der Frage nach dem Verhältnis von Gotteswort und Menschenwort, die im Inspirationstraktat erörtert wird, usw.

Wenn die Frage nach dem Verhältnis zwischen Theologie und Anthropologie wirklich nichts anderes ist als die besondere Formulierung der Frage nach der geschichtlichen Relevanz der Offenbarung, dann müssen für eine einwandfreie Behandlung des Problems:

a) die verschiedenen Antworten der Theologie herausgefunden werden. Es gilt also auf der Grundlage der ihnen innewohnenden Frage die Identität der scheinbar verschiedenen Probleme aufzudecken. Ist Lessings Problem[10] anders gelagert als die Frage nach dem Verhältnis von Theologie und Anthropologie? Ist der Beweis der Existenz Gottes

---

7 Wir beziehen uns hier auf das von *L. Althusser* vorgeschlagene »Lesen« (lecture). Vgl. beispielsweise die Einführung »Vom ›Kapital‹ zur Philosophie von Marx«, in: *L. Althusser/E. Balibar,* Das Kapital lesen, Hamburg 1972, 11—93.

8 Vgl. beispielsweise die besondere Interpretation der alten und neuen Gottesbeweise durch *J. Moltmann,* Theologie der Hoffnung, 250—259. Er verbindet sie zu Recht mit der hermeneutischen Problematik als solcher: »In der radikalen Fraglichkeit der Wirklichkeit zeigt sich das Problem der Transzendenz oder einfach die Gottes*frage,* an der sich die christliche Aussage von Gott beweisen und bewähren muß.« (ebd. 250)

9 Der scholastische Satz will nicht den Einfluß der Natur auf die Gnade bestimmen, sondern vielmehr den genauen »ontologischen Ort der Gnade« angeben, ohne ein Werturteil über die Natur zu fällen: *J. Ratzinger,* Gratia praesupponit naturam, in: *J. Ratzinger/H. Fries,* Einsicht und Glaube, 151—165, bes. 156. Es handelt sich mit anderen Worten um die Bedeutung der Gnade für die Natur, und folglich darum, genau zu sagen, was Natur ist.

10 Für eine Darlegung des religiös-philosophischen Denkens Lessings und seiner verschiedenen Modelle vgl. *W. Oelmüller,* Die unbefriedigte Aufklärung, Frankfurt 1969, 35—101.

eine *Frage* (oder nur eine *Antwort*), die sich vom existentiellen Verständnis Gottes unterscheidet? Entspricht das paulinische Verhältnis von Gnade und Gesetz einem Anliegen, das sich von dem unterscheidet, das heute in der Frage nach dem Verhältnis von Fortschritt und Heil leitend ist?
b) Ist die Identität der scheinbar verschiedenen Fragen einmal herausgearbeitet, gilt es die verschiedenen Antworten vorzunehmen und die Ursache dieser Verschiedenheit zu begreifen. Nennen wir ein Beispiel: Die Frage nach der Relevanz der Offenbarung für den Menschen kann, wie im Falle Lessings, geschichtlich gestellt oder, wie im Fall der Gottesbeweise in der klassischen Problematik, ontologisch angegangen werden. Sollte die Verschiedenheit der vorgeschlagenen Lösungen oder der vorgebrachten Schwierigkeiten nicht irgendwie schon von dem besonderen Fragezuschnitt vorausbestimmt sein?
c) Wenn die Verschiedenheit des Fragezuschnitts, der besonderen Fragestellung, einmal bestimmt ist, kann man dann überhaupt, und auf Grundlage welcher Kriterien, ein Urteil darüber fällen, welche Fragestellung einer anderen vorzuziehen ist?

## 2. *Hermeneutik und Heuristik*

Wir wollen hier nicht das Problem in seinem ganzen Umfang abhandeln, sondern einzig einige Überlegungen vorlegen; dazu gehen wir von der Aussage aus, die in der unter c) formulierten Frage enthalten ist. Diese unserer Meinung nach auf der Hand liegende und von der heutigen Diskussion hinreichend bewiesene Aussage besteht darin, daß jedes Begriffssystem, außer einen Gegenstand oder eine Menge von Gegenständen darzustellen, heuristisch ist im Hinblick auf einen Gegenstand oder eine Menge von Gegenständen, auf die bezogen es sich definiert. Jedes Begriffssystem bestimmt mit seiner besonderen Strukturierung im voraus die Aspekte der Wirklichkeit wie auch ihre größere oder geringere Zahl, die wir mit ihm erfassen können. Die Frage nach der anthropologischen Relevanz der Offenbarung in geschichtlichen Begriffen anzugehen, impliziert beispielsweise andere Möglichkeiten, als sich aus einem metaphysischen Ansatz des Problems ergeben.[11] Hinter der unterschiedlichen Strukturierung der verschie-

---

[11] *W. Kasper* hat unserer Meinung nach hinreichend den platonischen Hintergrund aufgezeigt, der für den Ansatz des Gottesproblems bei *J. Ratzinger,* Einführung in das Christentum, München 1968, leitend ist; vgl. *W. Kasper,* Das Wesen des Christlichen, in: Theologische Revue, LXV (1969) 183—188. Desglei-

denen Begriffssysteme, die aus der Tatsache herrühren könnte, daß sie eher in diesem bestimmten als in einem anderen hermeneutischen Horizont stehen, gilt es eine noch grundlegendere Differenz wahrzunehmen, die jeder besonderen Struktur innewohnt. Diese rein formale Differenz leitet sich aus der Unterscheidung zwischen hermeneutischer (die immer »erkenntnishaft« oder »darstellend« ist) und heuristischer Strukturierung oder »Modell« ab. Unter »Modell« verstehen wir einen heuristischen Schlüssel, der als solcher nicht den Anspruch erhebt, die Wirklichkeit darzustellen, sondern die Möglichkeit schafft, sich besser in ihr zu orientieren und Aspekte von ihr entdecken zu können.[12] Das Modell legitimiert sich einzig durch diese seine heuristische Funktion. Im hier von uns verstandenen Sinn behauptet es nicht, eine Wahrheit zu enthalten, sondern nur, sich an ihr zu orientieren.
Auch das so verstandene Modell impliziert eine »Darstellung« und eine »Erkenntnis«. Trotzdem ist es formell weder das eine noch das andere. Erkenntnis ist allein das, was man *vermittels* des Modells und nicht *im* Modell erhält. Man könnte hier an die scholastische Unterscheidung von medium in quo (= darstellend) und medium quo (= heuristisch) erinnern. Das Modell geht von einem gewissen Verständnis der Erkenntnis und der Wahrheit aus. Es gelangt, wenn auch auf einem Weg, der immer verbesserungsfähig bleibt, zur Erkenntnis von bestimmten Wahrheiten. Trotzdem ist das Modell als solches weder wahr noch falsch, sondern nur mehr oder weniger angemessen, und zwar auf Grund seiner zwei unterschiedenen, aber verbundenen Funk-

---

chen hat er gezeigt, wie man für das Verhältnis von Heil und Praxis (eine andere Formulierung des Problems, das uns hier interessiert) zu anderen als den von Ratzinger vorgeschlagenen Lösungen kommen kann, wenn man das Schema aufnimmt, das dem paulinischen Verhältnis von Gnade und Gesetz oder von Indikativ und Imperativ innewohnt; vgl. *W. Kasper,* Theorie und Praxis innerhalb einer theologia crucis, in: Hochland LXII (1970) 152—157; zur ganzen Diskussion vgl. *G. Ruggieri,* I due volti della teologia, in: Idoc internazionale I (1970) 17 (rubrica: courrier idoc).

[12] Vgl. auch die Definition der Wissenschaft als Sprachspiel in *H. Albert,* Theorie und Prognose in den Sozialwissenschaften, in: *E. Topitsch* (Hrsg.), Logik der Sozialwissenschaften, Köln—Berlin [6]1970, 126; zu einem allgemeinen Ansatz der Problematik einer Theorie und ihrer heuristischen Funktion (der Begriff »heuristisch« als solcher fehlt) vgl. *H. Albert,* Traktat über kritische Vernunft, Tübingen [2]1969. Der hier angenommene »Modell«begriff unterscheidet sich von demjenigen, der Modell gerade als Darstellung auffaßt. Vgl. beispielsweise in diesem zweiten Sinn *C. Wright Mills,* I marxisti, Mailand 1969, 35. Zu den verschiedenen »Modell«begriffen vgl. *H. Peukert,* Zur formalen Systemtheorie und zur hermeneutischen Problematik einer »politischen Theologie«, in: *H. Peukert* (Hrsg.), Diskussion zur politischen Theologie, Mainz-München 1969, 82—95, bes. 90, Anm. 27, mit der dort zitierten Literatur.

tionen. Die erste gestattet mir, immer mehr Daten, die zweite, eine immer dichter zusammenhängende Verknüpfung der Daten oder einer bestimmten Anzahl von ihnen zu erfassen.

So bleibt unserer Meinung nach K. Rahners Auffassung einer theologischen Anthropologie eine Darstellung des Problems der Relevanz der Offenbarung für den Menschen. Sie beschränkt sich darauf, eine Lösung »darzustellen« und eine wenn auch keine endgültige »Entdeckung« der Frage selbst zu sein. Wir wollen damit nicht behaupten, daß diese Auffassung nicht ein »Modell« werden könnte. Wenn wir sagen, daß die Differenz von »Darstellung« und »Modell« jedesmal in der Strukturierung des Begriffssystems beschlossen liegt, so können wir die Möglichkeit nicht verneinen, daß jede beliebige Darstellung sich in ein Modell transformiert, wenn man sie in diesem formellen Sinn versteht und entsprechend verwendet. Rührt die von uns zu Anfang hervorgehobene Doppeldeutigkeit von Rahners Auffassung, ob nämlich ihr letzter Horizont als ein theologischer oder als ein anthropologischer zu bestimmen ist, nicht genau daher, daß sie eine »Darstellung« ist? Die Transzendenz der Offenbarung Gottes gegenüber dem existentiellen Begreifen des Subjekts ist letztlich nicht darstellbar, sondern eher eine im Glauben erhobene Forderung. Erkenntnismäßig gesehen teilt sie mit dem Glauben den Entscheidungscharakter und hat — erkenntnismäßig — keine weitere Grundlage.[13]

Theologie, die die Relevanz der Offenbarung Gottes für Mensch und Geschichte zu erfassen versucht, muß, noch bevor sie etwas »weiß«, Modelle anbieten, die sie selbst aus ihrer eigenen Tradition[14] erarbeitet oder aus der Tradition bisherigen Denkens geschöpft hat. Diese Modelle sollen einer Orientierung bei der Entdeckung des Sinnes der Frage dienen, aber sie dürfen formell nicht mit der dargestellten Lösung verwechselt werden, zu der sie hinführen oder die zum Ausgangspunkt weiteren Fortschreitens wird.[15]

---

[13] Über die Beziehungen zwischen Wahrheit und Entscheidung vgl. *H. Albert,* Traktat, 29—79.

[14] Wir denken hier außer an das von der paulinischen Auffassung der Beziehung zwischen Gesetz und Gnade angebotene Modell an jenes der *imago-Dei*-Theologie. *L. Scheffczyck,* Stand und Aufgaben der imago-Dei-Theologie, in: Münchener Theologische Zeitschrift XX (1969) 1—28, stellt ausdrücklich eine Beziehung zwischen der Theologie vom Bild Gottes und dem von der theologischen Anthropologie K. Rahners aufgeworfenen Problem her.

[15] Heute kann sich die Theologie nicht auf den Bereich der hermeneutischen Wissenschaft beschränken, sondern muß die heuristische Analogie entdecken, die sie an den Wissenschaftsbegriff bindet, der sich in der wissenschaftstheoretischen Diskussion durchzusetzen scheint. An diesem Punkt stoßen wir auf die Begrenzt-

## *3. Gramscis Modell der Funktion des Intellektuellen*

Unsere Aufgabe besteht darin, nicht etwa in der theologischen, sondern in der italienisch-marxistischen Denktradition ein »Modell« aufzufinden, das uns bei der Suche nach dem Sinn unserer Frage helfen kann.

Doch bevor wir uns auf die Suche begeben und dieses Modell formulieren, möchten wir einem möglichen Einwand begegnen. Man könnte ja durchaus bezweifeln, ob im Rahmen der marxistischen Tradition ein geeignetes und im Kontext der theologischen Problematik brauchbares Modell auffindbar sei. Verschiedene Überlegungen stellen sich diesem Einwand entgegen; in erster Linie die, daß gewisse Kulturphänomene nicht mehr irgendwo anders, sondern bei uns selbst Eingang gefunden haben, wenn wir uns auch nicht mit ihnen identifizieren können. Es genügt aber wohl zu erwähnen, daß gerade das geschichtliche Denken, und insbesondere das marxistische, wertvollste Modelle zum Verständnis des Verhältnisses von Erkenntnis und Geschichte, von Theorie und Praxis hervorgebracht hat. In dem Maße, als die Theologie in dem die Wahrheit bezeugenden Geist berufen ist, ihr Offenbarungswissen in seiner Bedeutung für die Geschichte und die Praxis der Menschen zu interpretieren, kann sie sich diesem Denken, den von ihm erarbeiteten Modellen und den Perspektiven, in die sie einführen, nicht verschließen.

Wir müssen unser Modell dort suchen, wo man um das Verhältnis von Theorie und Praxis ringt. Denn in diesem Kontext hat das neuzeitliche Geschichtsdenken zu begreifen versucht, wie Wirklichkeitserkenntnis auf einer grundsätzlicheren Ebene konkrete Bedeutung für die geschichtliche Praxis gewinnen könnte. Die Bestimmung des Theorie-Praxis-Verhältnisses ist vor allem seit Hegel zu einem der meistdiskutierten Themen der Moderne geworden. Marx hat das Verhältnis bekanntlich umgekehrt, indem er innerhalb des Marxismus (und außerhalb seiner) die Forschung dahingehend bestimmte, die Interaktion beider Pole immer besser zu erfassen.

---

heit einiger rein hermeneutischer Ansätze der gegenwärtigen Theologie: vgl. beispielsweise *B. Casper,* Die Bedeutung der Lehre vom Verstehen für die Theologie, in: *B. Casper/K. Hemmerle/P. Hünermann,* Theologie als Wissenschaft, Freiburg 1970, 9—53; obwohl der Verfasser von einer richtigen Auseinandersetzung mit der komplexen Problematik ausgeht, wie sie sich in der heutigen Diskussion um die Wissenschaftslogik darstellt, verweist er die wissenschaftliche Theologie faktisch in das Gebiet hermeneutischer Ansätze. Wir wollen die Legitimität solcher Standortbestimmung nicht abstreiten, sondern nur deren Begrenztheit in den Blick bringen.

Doch wenden wir uns Antonio Gramsci zu.[16] Seine Auseinandersetzung mit der marxistischen Tradition einerseits, die zu seiner Zeit vor allem von dem Mechanizismus der Theoretiker der II. Internationale repräsentiert wurde, und mit der Möglichkeit einer revolutionären Umgestaltung der italienischen Gesellschaft vor und während des Faschismus andererseits veranlaßte ihn zur Ausarbeitung seiner Konzeption. Bei seiner schöpferisch-ursprünglichen Neuerarbeitung[17] dieser Tradition war er für die verschiedensten und vielfältigsten Einflüsse empfänglich, vor allem von seiten Croces und Lenins.[18]

*Grundlegender Ausgangspunkt* für Gramscis Denken ist der Begriff »historischer Block« (»blocco storico«). Mit diesem Begriff meint Gramsci das Gesamt des geschichtlichen Werdens zu einem bestimmten Zeitpunkt, das Gesamt von Basis und Überbau[19], in dem »die materiellen Kräfte der Inhalt, die Ideologie die Form und die Unterscheidung zwischen Form und Inhalt eine bloß didaktische ist, weil die materiellen Kräfte ohne Form geschichtlich nicht begreifbar und die Ideologien ohne die materiellen Kräfte individuelle Spinnereien wären.«[20]

Nach dem allgemeinen marxistischen Schema macht die Geschichte eine qualitative Entwicklung durch, wenn sich das innerhalb des historischen Blockes zwischen Basis und Überbau bestehende Gleichgewicht verschiebt. Das kann nach Gramsci, der nachdrücklich auf die Bedeutung des Überbaus hinweist, jedoch nur dann geschehen, wenn »der Übergang vom bloß Wirtschaftlichen (oder leidenschaftlich

---

16 Eine Bibliographie (bis 1967) zu Gramsci bietet die von *Elsa Fubini* zusammengestellte »Bibliografia gramsciana«, in: *P. Rossi* (Hrsg.), Gramsci e la cultura contemporanea, Rom ²1970, 477—544; bei unseren Zitaten aus Gramscis Werken verwenden wir folgende Abkürzungen: L = Lettere dal Carcere, Turin ²1968; MS = Il Materialismo storico e la filosofia die Benedetto Croce, Turin ⁸1966; M = Note sul Machiavelli, sulla politica e sullo stato moderno, Turin ⁶1966; I = Gli intellettuali e l'organizzazione della cultura, Turin ⁸1966.

17 Ursprünglichkeit und Originalität der Gedanken Gramscis erkennt auch einer seiner Kritiker wie *L. Althusser,* Für Marx, Frankfurt 1968, 82, Anm. 28, an, der ihm »absolut originelle und bisweilen geniale Ansichten über das heute grundlegende Problem der Überbauten« zuerkennt. Für Althusser ist Gramsci der einzige, der nach Marx und Lenin *wirklich* die Erkundung des Problems der Überbauten fortgeführt hat.

18 Zu den Einflüssen auf das Denken Gramscis, vor allem in der Jugend, vgl. die ausgezeichnete Einführung von *Giansiro Ferrata,* in: *G. Ferrata/N. Gallo,* 2000 pagine di Gramsci, Mailand 1964, 9—167; *P. Spriano,* Gramsci e l'Ordine Nuovo, Rom 1965.

19 MS 39.

20 MS 49.

Egoistischen) zum Ethisch-Politischen«, d. h. die höhere Ausformung[21] der Basis in eine Überbasis im Bewußtsein der Menschen erfolgt. Das beinhaltet gleichfalls den Übergang vom »Objektiven zum Subjektiven« und von der »Notwendigkeit zur Freiheit«. »Die Basis verwandelt sich aus äußerer Macht, die den Menschen erdrückt, ihn sich gleich und passiv macht, in ein Mittel zur Freiheit, in ein Instrument zur Schaffung einer neuen ethisch-politischen Form und in eine Quelle neuer Initiativen.«[22] Aus demselben Grunde wird in der untrennbaren Einheit der Momente des historischen Blockes (wobei die Unterscheidung rein »didaktisch« ist) das Bewußtseinsmoment vor dem Basismoment ausgezeichnet. Diese Akzentuierung bedeutet zwar nicht gerade die Umkehrung, aber mindestens eine starke Abweichung von Marx' berühmtem Vorwort zur Kritik der politischen Ökonomie.[23] Im »historischen Block« muß jedoch nicht nur der Dialektik Basis — Überbau, sondern auch innerhalb des Überbaus, zwischen den zwei ver-

---

[21] »elaborazione superiore della struttura in superstruttura«.

[22] MS 40. Wie schon aus dieser Stelle hervorgeht, beschreibt Gramsci das Verhältnis von Basis und Überbau auch als Verhältnis von Quantität und Qualität, Ökonomie und Politik, Notwendigkeit und Freiheit, objektiv und subjektiv. Es sind außerordentlich signifikante Begriffe, die zum Eindruck einer irgendwie pejorativen Wertung der Basis beitragen. Darin ist offensichtlich eine bestimmte Darstellung der Wirklichkeit enthalten, die uns, die wir ein bloßes »Modell« suchen, nicht interessiert und die wir für eine Nutzbarmachung von Gramscis Schema als »Modell« für sekundär erachten. Wenn wir also im folgenden die Offenbarung (und den Glauben) zur Basis zählen und sagen, daß in der Theologie, die im Überbau angesetzt wird, gerade die Offenbarung bedeutungsvoll wird und die eigene Relevanz zur Sprache bringt, haben wir nicht vor, auch die Darstellung der Wirklichkeit, wie sie bei Gramscis »Modell« im Hintergrund steht, zu übernehmen.

[23] Es muß jedoch betont werden, daß die Pole der Dialektik nie voneinander getrennt werden können. Auch für Gramsci (M 32; 41) bildet die Basis die »Triebfeder« der Geschichte. Beim historischen Block handelt es sich also um ein organisches Ganzes, in dem auch die Basis nicht als „etwas Unbewegliches und Absolutes«, sondern »als die Wirklichkeit selbst in ihrer Bewegung« begriffen werden muß. Es handelt sich also bei dem Verhältnis von Basis und Überbau immer um das »notwendige Verhältnis der aktiven Reaktion von seiten des Menschen auf die Basis, der darin die Einheit des Wirklichkeitsprozesses bestätigt.« (MS 231) Diese richtige Betonung der Einheit des historischen Blockes in Gramscis Denken geht zurück auf *J. Texier,* Gramsci teorico delle sovrastrutture e il concetto di società civile, in: Critica Marxista VI (1968) 71—98. Er widerlegt jedoch nicht die Grundthese *Bobbios* (gegen den sich der Artikel Texiers wendet), der Gramscis Begriff der bürgerlichen Gesellschaft (von Marx) absetzt. Marx wie Gramsci erkennen der bürgerlichen Gesellschaft eine primäre Funktion zu. Für Gramsci bezeichnet sie aber das Basismoment der wirtschaftlichen Beziehungen. Vgl. *N. Bobbio,* Gramsci e la concezione della società civile, in: *P. Rossi* (Hrsg.), Gramsci e la cultura contemporanea, Rom 1969, 75—100.

schiedenen Momenten des Überbaus Rechnung getragen werden, die durch die Begriffspaare Überzeugung — Zwang, Konsens — Gewalt, Hegemonie — Diktatur[24] usw. charakterisiert werden können. Wir untersuchen kurz die Dialektik der beiden Pole des Überbaus und beziehen uns dabei auf das Begriffspaar Hegemonie — Diktatur.

Unter Hegemonie versteht Gramsci die Führung auf kulturellem Gebiet.[25] Es handelt sich um einen Einfluß, den eine gesellschaftliche Gruppe »auf die nationale Gesellschaft insgesamt . . . durch die privat genannten Organisationen wie die Kirche, die Gewerkschaften, die Schulen usw.«[26] ausübt. Es geht mit anderen Worten um die erzieherische, kulturelle und nur in diesem Sinne politische Wirkung einer bestimmten gesellschaftlichen Kraft auf andere gesellschaftliche Kräfte. Dieses Moment, durch das sich ein bestimmter »Konsens«, d. h. »eine höhere Ausformung der Basis in eine Überbasis im Bewußtsein der Menschen«[27] entwickelt, bleibt jedoch unverständlich, wenn es von dem anderen, eigentlich politischen Moment des Überbaus, der Diktatur, abgetrennt wird. »In der realen Wirklichkeit werden bürgerliche Gesellschaft [ihr Gesetz: das kulturelle, erzieherische Moment der Ausbildung des Konsenses] und Staat [sein Gesetz: Diktatur, als das Gesetz der autoritativen Lenkung des gesellschaftlichen Prozesses] identisch.«[28]

»Sowohl der aus privaten Organisationen zusammengesetzte Führungsapparat wie der von Funktionären geleitete Regierungsapparat sind Klassenapparate, durch die eine neue gesellschaftliche Gruppe, die dem Produktionsapparat eine neue Ausrichtung zu geben beginnt, die gesamte Gesellschaft leitet und beherrscht. Gerade weil das Tun des Überbaus Klassencharakter besitzt, und der Staat als ganzer

---

[24] Auch im Blick auf diese Begriffspaare ist die negative Wertung des zweiten Begriffes bemerkenswert. Wieder ziehen wir diese von einer gewissen Wirklichkeitsdarstellung herrührende Wertung nicht in Betracht. Uns interessieren die Elemente von Gramscis »Modell« als kohärente und untereinander verbundene Elemente einer Menge von Beziehungen, von der ausgehend wir die Funktion der Theorie (für uns: Theologie) im Hinblick auf die Praxis zu verstehen suchen. Die Elemente werden hier daher einzig in ihrer Fähigkeit gefaßt, die Komplexität und Kohärenz eines bestimmten dialektischen Ganzen festzulegen. Nur diese ihre formale Eigenschaft und nichts anderes interessiert uns. Wenn wir daher die Funktion des Lehramtes mit der Funktion, die Gramsci der politischen Führung zuerkennt, gleichsetzen, wollen wir nur eine formale und keine inhaltliche Parallele aufstellen.

[25] L 616.

[26] L 481.

[27] MS 40.

[28] M 30.

in einem organischen Verhältnis zur Wirtschaftswelt steht, darf man die unterschiedenen Momente des Überbaus nicht trennen.«[29]
Der Konsens, den die Führungstätigkeit entwickelt, ist wirtschaftlicher, politischer und ideologischer Art.[30] Ist dieser Konsens einmal hergestellt, besteht die Chance, an die Macht zu kommen. Denn der Staat stützt sich auf eine bestimmte bürgerliche Gesellschaft.[31] Wenn nun das von der bürgerlichen Gesellschaft bestimmte Führungsgleichgewicht eine Verschiebung erfährt, ist die Festigkeit des Staatsgefüges bedroht.
Worin sieht Gramsci nun die Funktion des Intellektuellen?[32] In einem wesentlich auf den historischen (und viel weniger auf den dialektischen[33]) Materialismus gestützten Ansatz unterscheidet er zwei Bereiche, in denen die Funktion des Intellektuellen grundlegend dargelegt wird: 1. »Jede gesellschaftliche Gruppe, die auf dem Boden einer in der Produktions- und Wirtschaftswelt wesentlichen Funktion entsteht, schafft sich gemeinsam und organisch eine oder mehrere Klassen von Intellektuellen, die ihr Homogenität und das Bewußtsein der eigenen Funktion nicht nur im wirtschaftlichen, sondern im gesellschaftlichen und politischen Raum verleihen ... 2. Aber jede gesellschaftliche, ›wesentliche‹ Gruppe, die in der Geschichte aus der vorhergehenden wirtschaftlichen Basis, und zwar als Ausdruck einer Entwicklung [dieser Basis] erwächst, hat, wenigstens in der bisherigen Geschichte, bereits existierende intellektuelle Kategorien vorgefunden, die sogar als Repräsentanten einer geschichtlichen Kontinuität erschienen, die auch von den kompliziertesten und tiefgreifendsten Veränderungen der politischen und gesellschaftlichen Formen nicht unterbrochen worden waren.«[34]
Anders gesagt: die Funktion des Intellektuellen ist eine zweifache: sie ergibt sich als Werkzeug zur Schaffung eines Konsenses, als »kathartisches«[35] Instrument, als die Fähigkeit, die Basis und ihre Konflikte zu deuten, die der Entwicklung der Basis selbst dient. Ande-

---

29 *J. Texier,* Gramsci, 89.
30 Ebd. 90.
31 Zum Begriff der bürgerlichen Gesellschaft bei Gramsci vgl. oben Anm. 23.
32 Vgl. *L. Gruppi,* Il concetto di egemonia, in: Critica Marxista (1967) Heft 3, 78—95; *E. Garn,* Politica e cultura in Gramsci. Il problema degli intellettuali, in Gramsci e la cultura, ebd. 37—74 (der Verfasser bietet eine interessante Systematisierung der Abschnitte, die sich auf das Problem der Intellektuellen beziehen).
33 Die Präzisierung stammt von Althusser in *L. Althusser/E. Balibar,* Das Kapital lesen, 172.
34 I 3—4.
35 Zum Begriff der »Katharsis« (»catarsi«) vgl. MS 40.

rerseits besitzt die Funktion des Intellektuellen eine gewisse Transzendenz gegenüber der spezifischen Aufgabe, aus der sie hervorgegangen ist, und schafft eine Kontinuität zwischen den verschiedenen »wesentlichen« Gesellschaftsgruppen der Geschichte.[36]

## *4. Auf der Suche nach einem heuristischen Theoriemodell*

Kann man anhand dieser kurz dargelegten Konzeption Gramscis ein Theoriemodell erarbeiten, das uns die Möglichkeit böte, in einer weiteren theologischen Bestimmung die Relevanz der christlichen Offenbarung für die Geschichte des Menschen zu erfassen? Wir glauben — ja! Denn eben dieses anhand von Gramscis Schema umrissene »Modell« soll unser Beitrag zur Diskussion über das Verhältnis von Theologie und Anthropologie darstellen. Wenn wir von Gramscis Konzeption der Stellung des Intellektuellen in der Gesellschaft ausgehen, um unser Modell zu umreißen, sind wir uns darüber klar, daß wir nicht nur Gramscis Denken »übersetzen«, sondern auch »interpretieren«, indem wir es in seiner Kraft, sich weiter zu entwickeln und als heuristisches Modell verwendet zu werden[37], neu beleben. In Thesenform seien hier die Grundzüge dieses Modells angeführt:

1. Die Funktion einer »Theorie« besteht in ihrer Fähigkeit, uns zu einer Orientierung bei der Entdeckung des »Sinnes« (»senso«) eines bestimmten Objektes und, um diesen »Sinn« herum, beim Aufbau eines »Kon-senses« (»con-senso«) zu verhelfen.
2. Das Begreifen dieses Sinnes und der Aufbau eines Konsenses gestatten es, die menschlich-geschichtliche Relevanz eines bestimmten Objekts der Theorie zu verifizieren.
3. In dieser ihrer Funktion steht die Theorie einerseits in Beziehung zum (= grund-legenden; fondante) Basismoment der Praxis und andererseits in Beziehung zum anderen ihr dialektisch entsprechenden (= grund-gelegten; fondato) Moment des Überbaus der Praxis.

---

[36] Wir beenden mit dieser kurzgefaßten Untersuchung die Darlegung von Gramscis Denken, wobei wir uns der Unvollständigkeit dieser Darlegung (auch in den Belegen) bewußt sind. Wir haben nur die ganz unmittelbar nutzbaren Gesichtspunkte berührt. Die vertiefte Analyse von Gramscis Denken und seiner Verwendungsmöglichkeit für eine Bestimmung der Funktion der Theologie stellen wir für ein breiter angelegtes Studium zurück.

[37] Daß Gramsci selbst sich seines Schemas zu Interpretationszwecken bedient hat, daß er also seine eigene Konzeption als eine heuristische verstanden hat, geht auch aus dem bereits zitierten Artikel von *N. Bobbio,* besonders auf den Seiten 91 ff., hervor.

3 a. Die Theorie ist das Instrument, das aus der Dynamik und den Bedürfnissen ihres zur Basis gehörigen (grundlegenden) Objekts erarbeitet ist, das daher ihr wahres, eigentliches Subjekt ist. Mehr noch, Theorie ist das Instrument und Moment, in dem das Objekt in ein Subjekt verwandelt wird.[38]

3 b. Die Theorie bildet jedoch nicht das Instrument, mit dem die Basis den ihr innewohnenden »Sinn« entwickelt. Es gibt andere, von ihr nie getrennte, aber immer unabhängige Momente, durch die der Mensch, der bekanntlich ein gesellschaftliches Wesen ist, zur Bestimmung und Entwicklung eines Sinnes gelangt. Diese Momente können das Führungsmoment deswegen nicht ausschließen, weil die Theorie das Instrument eines umfassenden, gesellschaftlichen, geschichtlichen, traditionellen und organisierten Prozesses ist. Das Verhältnis Führung—Theorie ist jedoch kein ursprüngliches Verhältnis, insofern es (es gehört also zum Überbau) seine Grundlage in der Basis des Objekts hat, auf das die Theorie, die Führung oder irgendein anderes Element des Überbaus hingeordnet sind.

## *5. Die Theologie als heuristische Theorie der anthropologischen Relevanz der Offenbarung*

In welchem Maße kann ein solches Theoriemodell für die Frage nach dem Verhältnis von Theologie und Anthropologie benutzt werden? Allem voraus und noch einmal weisen wir darauf hin, daß es sich nicht um ein hermeneutisches Vorverständnis handelt, wenn auch ein solches Vorverständnis nicht ausgeschlossen wird. Formal ist ein solches Modell ein heuristischer Schlüssel für das Entdecken eines »Sinnes«; Sinn ist immer etwas anderes als »Sprachspiel«, das nur soweit gilt, als es mir erlaubt, die Komplexität und Kohärenz eines »Sinnes« für den Aufbau eines menschlichen und geschichtlichen »Konsenses« zu entdecken. Wenden wir das Modell auf die Theologie an, so ergibt sich,

1. daß wir als »Basis« der Theologie die Offenbarung und deren unmittelbare und wesentliche Vermittlungen betrachten können, in denen sie Geschichte »macht«: den Glauben, die Hoffnung, die Liebe und all die Beziehungen, die unmittelbar zwischen Personen aufkommen,

[38] Mit Objekt meinen wir hier nicht eine in sich ruhende Wirklichkeit, sondern eine Wirklichkeit in geschichtlicher, menschlicher Vermittlung. Das Wirkliche ist in bezug auf das Objekt immer Subjekt. Wir stellen hier auch nicht die Frage nach der zeitlichen Priorität des Objektiven bezüglich des Subjektiven. Eine solche Frage ist sinnlos.

die in diesem Glauben, dieser Hoffnung und dieser Liebe miteinander verbunden sind. Die Theologie ist die »Theorie«, die Rechenschaft von der Relevanz dessen ablegt, daß und wie die Offenbarung Geschichte »macht«. Die theologische Theorie ist ein Instrument, ein »Überbau«, der notwendig auf sein ihn grundlegendes Moment (= Basis) bezogen ist, dem er einen Sinn zu entnehmen versucht und einen Kon-sens vermittelt.

2. Theologie an sich ist wesentlich geschichtlich-anthropologisch, aber in einem anderen als von der theologischen Anthropologie verstandenen Sinne. Sie beschränkt sich nicht darauf, den anthropologischen Wert der Offenbarung in einer bestimmten Epoche der Geschichte und der Kirche »darzustellen«, sondern ist zunächst ein Schlüssel, um einen Sinn zu entdecken, der als solcher niemals vollständig, ja nur in der Form des Nacheinander heuristischer Modelle darstellbar ist. Die anthropologische Bedeutung der Offenbarung, die ja der »theologische« Sinn des Menschen ist, ist als solcher ebensowenig wie die Wahrheit darstellbar. Aber gerade so erweist die theologische Theorie immer wieder die geschichtliche Fruchtbarkeit der Offenbarung und ihre unausgeschöpfte Kraft, Geschichte zu »machen« und zum Ereignis zu werden.

3 a. Durch diese Funktion der theologischen Theorie (aber nur durch sie) wird also das Objekt zum Subjekt, entsteht ein menschlicher und geschichtlicher Kon-sens (der schon eine »neue« Praxis einschließt), durch den die Offenbarung in wachsendem Maße Geschichte macht, immer relevanter und folglich »offenbarender« wird (rilevante e quindi rivelante). So wie bei Basis und Überbau ist die Theologie durch ein dialektisches Verhältnis mit ihrem Objekt verbunden. Es handelt sich also nicht um ein Zueinander zweier verschiedener Wirklichkeiten, sondern um die Dialektik eines zweifachen Momentes desselben Prozesses. Daher kann bei der Bestimmung des Verhältnisses von Theologie und Glaube niemals ausschließlich einer der beiden Pole verabsolutiert werden. Glaube enthält schon immer Theologie, und Theologie steht nie außerhalb des Glaubens.

3 b. Im Glaubensprozeß als der geschichtlichen Vermittlung der Offenbarung ist das andere zum Überbau gehörende Moment[39] die

---

[39] Wenn wir »zum Überbau gehörend« sagen (sovrastrutturale), heißt das nicht, daß es nicht »notwendig« wäre noch daß es einzig von der Basis hervorgebracht sei. Die Theologie beispielsweise ist nicht anders möglich denn als »fides quaerens intellectum«. Der intellectus wird aber als solcher nicht vom Glauben hervorgebracht; vielmehr entwickelt sich der Glaube notwendig in der intellektuellen Vermittlung.

Führung durch das Lehramt (aber nicht nur sie; auch die juridische Formalisierung, die die Beziehungen innerhalb der Basis regelt, ist beispielsweise auf der Ebene des Überbaus zu lokalisieren, und sie kann nicht auf den »Willen« der Führung zurückgeführt werden). Theologie und Lehramt treten also in ein sehr enges Verhältnis zueinander, das als solches jedoch nicht ursprünglich ist, sondern in der gemeinsamen Beziehung zur Offenbarung seinen Grund hat, die mit Hilfe des Glaubens Geschichte »macht«.

## *6. Abschließende Überlegungen*

In unserer kurzen Darlegung bleiben einige Probleme ungeklärt, so auf der Ebene der Basis das Verhältnis von Offenbarung und Glaube; ebenso das Verhältnis zwischen Basis des Glaubens und den »Basen« (= grundlegende Momente) der Geschichte usw. Wir wollen nur kurz einige Charakteristika der Theologie benennen, die sich aufgrund des von uns angenommenen »Modells« ergeben:
a) Die Theologie ist nicht als reine Wissenschaft, sondern immer als Moment eines geschichtlichen Prozesses zu werten. Sie stellt das Instrument einer bestimmten Gruppe, d. h. der Gläubigen dar, und zwar so, wie es einige Glaubende, die Theologen, in Verbindung mit anderen Gläubigen handhaben. Besser spricht man daher von der Funktion des »Theologen« in der Kirche, noch besser von der Funktion der »Theologie«.[40] Ein Theologieverständnis, das die Theologie auf ihre »wissenschaftliche« Funktion einschränkt, ohne ihre konkreten Zusammenhänge mit dem geschichtlich-kirchlichen Prozeß zu erfassen, an dem sie als ein (!) Moment mitwirkt, ist ein ausschnitthaftes und verfälschendes Theologieverständnis. Wir beabsichtigen keineswegs den Wissenschaftscharakter der Theologie zu leugnen, aber ebensowenig wollen wir ihre wissenschaftliche (= heuristische) Funktion aus ihrem dynamischen Kontext herausgelöst sehen. Die Bestimmung der Beziehung, die den Theologen mit der pastoralen Praxis, der Hoffnung, der Glaubenserfahrung und der Liebestätigkeit der Kirche verbinden, ist nicht Aufgabe eines »ermahnenden Zuspruchs«, sondern macht einen wesentlichen Teil eines wissenschaftlichen Theologieverständnisses aus.

---

[40] Vgl. Gramscis analogen Ansatz bezüglich des Theorie-Praxis-Verhältnisses (MS 12).

b) das Verhältnis Theologie—Lehramt (wobei dieser zweite Begriff mehr oder weniger trifft) ist als Verhältnis von Sinnsuche und autoritativer Sinnaussage qualifizierbar. Beide, Sinnsuche wie Sinnaussage, schaffen einen Kon-sens und bilden so ein Instrument, mit dem der Glaube (und die Offenbarung durch den Glauben) Geschichte »macht«. Dennoch ruht die lehramtliche Aussage formal auf einem anderen Fundament als die theologisch-theoretische Forschung vorgelegt hat.[41] Lehramtliche Aussagen stellen ein für die Glaubensgeschichte notwendiges Moment dar. Aber in dem Maße, in dem sie vorherrschend werden, liegt eine Verkümmerung der geschichtlichen Glaubensentfaltung vor. In dem Maße dagegen, in dem der Glaube nicht autoritativ, sondern theoretisch einen Kon-sens erzeugt, erleben wir eine größere Glaubensfruchtbarkeit.[42] Dieser letzte Satz ist jedoch kein rein heuristischer mehr, sondern enthält formell bereits ein Werturteil und damit ein bestimmtes Vorverständnis von Kirche.[43]
Die Theologie sieht sich heute auf der einen Seite vor eine geschichtlich gewandelte Lage menschlichen Bewußtseins gestellt und auf der anderen Seite mit der hermeneutischen und wissenschaftstheoretischen Diskussion konfrontiert. Gegenüber dem geschichtlich gewandelten Bewußtsein bemüht sie sich zu Recht, die Relevanz der Offenbarung auch für andere geschichtliche Komponenten aufzuzeigen. Trotzdem befindet sie sich aufgrund der noch nicht ausdiskutierten hermeneutischen und wissenschaftstheoretischen Problematik in einer gewissen Verlegenheit.[44] Wir haben nur unterstreichen wollen, daß die Theolo-

---

41 Der Beweis dieses Satzes liegt in der für die Auslegung lehramtlicher Entscheidungen allgemein zugelassenen Regel, nach der die zur Stützung der Aussage vorgebrachten Argumente, wenigstens wenn nicht ausdrücklich Gegenteiliges gesagt ist, nicht in die Aussage selbst eingehen.

42 Vgl. die Art, wie Gramsci von dem dem Führungsmoment zuerkannten Übergewicht ausgeht und das phasenweise Aufblühen und Versinken in der Geschichte interpretiert. Vgl. *N. Bobbio,* Gramsci, 91 ff.

43 Wir weisen hier nur auf einen Schlüssel hin, nach dem man das Verhältnis Theologie — Lehramt studieren kann. Vgl. die (nicht nur wegen ihrer Zahl, sondern wegen ihres Inhalts) beeindruckende Sammlung und Systematisierug neuer lehramtlicher Texte über die Theologie, die *M. Seckler,* Die Theologie als kirchliche Wissenschaft nach Pius XII und Paul VI, in: Theologische Quartalsschrift CXLIX (1969) 209—234, vorgenommen hat. Hält man sich an die Dokumentation des Verfassers, impliziert das Theologieverständnis der beiden genannten Päpste eine Betonung des »diktatorischen« gegenüber dem »hegemonialen« Moment, die mit einer Dienstbarmachung des hegemonialen Momentes nicht etwa für die Basis, sondern für die Leitung einhergeht.

44 Vgl. den bezeichnenden Titel für eine Zusammenfassung katholischer Bücher über das hermeneutische Problem von *W. Kern/J. Splett,* Hermeneutik: Nachholbedarf und Forschungsprojekt, in: Stimmen der Zeit, XCV (1970) 129—135.

gie, wenn sie die Relevanz der Offenbarung für Mensch und Geschichte bestimmen will, das Ungenügen des hermeneutischen Ansatzes im Auge behalten und sich deswegen auch um andere »Modelle«, wie sie vom modernen geschichtlichen und auch wissenschaftstheoretischen Denken angeboten werden, bemühen muß.

# LITERATURVERZEICHNIS


*AA. VV.*, Dibattito sull' ateismo, Brescia 1967

*Adorno, Th. W.*, Minima Moralia, Frankfurt 1951

*Ders.* Negative Dialektik, Frankfurt 1970

*Adorno, Th. W. / Albert, H. / Dahrendorf, R. / Habermas, J. / Pilot, H. / Popper, K. L.*, Der Positivismusstreit in der deutschen Soziologie Neuwied–Berlin 1970

*Albert, H.*, Traktat über kritische Vernunft, Tübingen ²1969

*Althusser, L.*, Per un concetto di storia, in: Critica Marxista 4 (1966) 1

*Ders.*, Für Marx, Frankfurt 1968

*Althusser, L. / Balibar, E.*, Das Kapital lesen, Hamburg 1972

*Augustinus*, De diversis quaestionibus LXXXIII, Quaest. XLVIII: Migne, PL, t. 40, col. 31

*Balthasar, H. U. von*, Herrlichkeit. Eine theologische Ästhetik Bd. I, Einsiedeln 1961

*Barr, J.*, Bibelexegese und moderne Semantik. Theologische und linguistische Methode in der Bibelwissenschaft, München 1965

*Barth, K.*, Die Kirchliche Dogmatik I, 1, Zürich ⁸1964

*Ders.*, Theologische Fragen und Antworten, Zollikon 1957

*Bloch, E.*, Das Prinzip Hoffnung I, Frankfurt 1969

*Bonhoeffer, D.*, Ethik. Zusammengestellt und herausgegeben von Eberhard Bethge, München ⁷1966

*Ders.*, Gemeinsames Leben, München ¹¹1964

*Ders.*, Widerstand und Ergebung. Briefe und Aufzeichnungen aus der Haft. Herausgegeben von E. Bethge, München 1970 (Neuausgabe)

*Bultmann, R.*, Theologie des Neuen Testamentes, Tübingen ⁶1968

*Burke, T. P. (Hrsg.)*, Künftige Aufgaben der Theologie, München 1967

*Calvez, J. Y.*, La pensée de Karl Marx, Paris 1956

*Canguilhem / D. Letourt*, L'epistemologia di Gaston Bachelard, Mailand 1969

*Casper, B. / Hemmerle, K. / Hünermann, P.*, Theologie als Wissenschaft, Freiburg 1970

*Christ, F.*, Jesus Sophia. Die Sophia. Die Sophia-Christologie bei den Synoptikern, Zürich 1970

*Colombo, G.*, La teologia della »Gaudium et Spes« e l'esercizio del Magisterio ecclesiastico, in: La Scuola Cattolica (1970)

*Congar, Y.*, Der Laie. Entwurf einer Theologie des Laientums, Stuttgart 1956

*Conzelmann, H.*, Theologie des Neuen Testaments, München ²1968
*Corvisieri, S.*, Il biennio rosso 1919–1920 della Terza Internazionale, Mailand 1970
*Cullmann, O.*, La foi et le culte de l'église primitive, Neuchâtel 1963
*Desroche, H.*, Voyages en ucoopie, in: Esprit 2 (1966)
*Dewart, L.*, Die Zukunft des Glaubens, Einsiedeln 1968
*Ferrata, G. / Gallo, N.*, 2000 pagine di Gramsci, Mailand 1964
*Feuillet, R.*, Le Christ Sagesse de Dieu, Paris 1966
*Fichant, M. / Pécheux, M.*, Sur l'histoire des sciences, Paris 1969
*Fohrer, G.*, Das Buch Hiob (Kommentar zum Alten Testament), Gütersloh 1963
*Freud, S.*, Die Zukunft einer Illusion, Ges. Werke XIV, London 1955
*Gadamer, H.-G.*, Wahrheit und Methode, Tübingen ²1965
*Gentile, G.*, La filosofia di Marx, Florenz 1955
*Gramsci, A.*, Il Materialismo storico e la filosofia di B. Croce, Turin ⁸1966
*Ders.*, Note sul Machiavelli, Turin ⁶1966
*Ders.*, »Revolution gegen das Kapital« im Mailänder »Avanti« vom 24. XI. 1917
*Gruppi, L.*, Il concetto di egemonia, in: Critica Marxista (1967) Heft 3
*Habermas, J.*, Erkenntnis und Interesse, Frankfurt 1968
*Ders.*, Technik und Wissenschaft als Ideologie, Frankfurt ³1970
*Hegel, G. W. F.*, Jenenser Realphilosophie I (Ed. Hoffmeister), Leipzig 1932
*Horkheimer, M.*, Zur Kritik der instrumentalen Vernunft, Frankfurt 1967
*Käsemann, E.* (Hrsg.), Das Neue Testament als Kanon, Göttingen 1970
*Kant, I.*, Werke, Bd. 3, Darmstadt 1968
*Ders.*, Werke, Bd. 9, Darmstadt 1968
*Kasper, W.*, Glaube und Geschichte, Mainz 1970
*Ders.*, Theorie und Praxis innerhalb einer theologia crucis, in: Hochland 62 (1970)
*Ders.*, Das Wesen des Christlichen, in: Theologische Revue LXV (1969)
*Kaufmann, W.* (Hrsg.), Religion from Tolstoi to Camus, New York Evanston 1964
*Kern, W. / Splett, J.*, Hermeneutik: Nachholbedarf und Forschungsobjekt, in: Stimmen der Zeit XCV (1970)
*Ladrière, J.*, L'articulation du sens, Paris 1970 (deutsch: Rede der Wissenschaft – Wort des Glaubens, München 1972)
*Lubac, H. de,* Corpus mysticum. L'eucharistie e l'église au moyen âge, Paris 1949

*Marcuse, H.*, Der eindimensionale Mensch, Neuwied–Berlin ³1967
*Ders.*, Vernunft und Revolution. Hegel und die Entstehung der Gesellschafttheorie. Sonderausgabe Sammlung Luchterhand, Neuwied 1972
*Marx/Engels*, Werke, Ergänzungsband 1, Berlin 1968
*Ders.*, Werke, Bd. 23, Berlin 1969
*Metz, J. B.*, Zur Theologie der Welt, Mainz–München 1969
*Metz, J. B. / Moltmann, J. / Oelmüller, W.*, Kirche im Prozeß der Aufklärung, Mainz–München 1970
*Mills, C. W.*, I marxisti, Mailand 1969
*Moltmann, J.*, Perspektiven der Theologie, Mainz–München 1968
*Ders.*, Theologie der Hoffnung, München ⁸1969
*Nardone, G.*, Il pensiero di Gramsci, Bari 1971
*Neunheuser, B.*, Taufe und Firmung (Handbuch der Dogmengeschichte IV, 2), Freiburg 1956
*Noce, A. Del.*, Il problema dell'ateismo, Bologna 1964
*Oelmüller, W.*, Die unbefriedigte Aufklärung, Frankfurt 1969
*Paggi, B.*, Antonio Gramsci e il moderno principe I, Rom 1970
*Pannenberg, W.*, Grundfragen systematischer Theologie, Göttingen 1967
*Perlini, T.*, Utopia e prospettiva in György Lukács, Bari 1968
*Peukert, H. (Hrsg.)*, Diskussion zur politischen Theologie, Mainz–München 1969
*Piper, O. A.*, in: Die Religion in Geschichte und Gegenwart IV, Tübingen ³1960
*Popper, K. R.*, Logik der Forschung, Tübingen ³1969
*Ders.*, Scenza e filosofia, Turin 1969
*Preuss, H. D.*, Jahweglaube und Zukunftserwartung, Stuttgart 1968
*Quasten, J.*, Regula fidei, in: LTHK VIII (Lexikon für Theologie und Kirche), Freiburg i. Br. ²1963
*Rad, G. v.*, Weisheit in Israel, Neukirchen 1970
*Rahner, H.*, Symbole der Kirche. Die Ekklesiologie der Väter, Salzburg 1964
*Rahner, K. u. a.*, Die Antwort der Theologen, Düsseldorf ²1969
*Ders.*, Hörer des Wortes, München 1963
*Ders.*, Theologische Anthropologie, in: Sacramentum Mundi I, Freiburg i. Br. 1968
*Ders.*, Über die Schriftinspiration, Freiburg i. Br. 1958
*Ratzinger, J. / Fries, H.*, Einsicht und Glaube, (Festschrift f. Gottlieb Söhngen), Freiburg ²1963
*Ratzinger, J.*, Einführung in das Christentum, München 1968
*Ders.*, Das neue Volk Gottes, Düsseldorf ²1970

*Rossi, P.*, Gramsci e la cultura contemporanea, Rom 1969

*Ruggieri, G.*, I due volti della teologia, in: Idoc internazionale 1 (1970) 17, rubrica courrier idoc.

*Schäfer, L.*, Über die Diskrepanz zwischen Methodologie und Metaphysik bei Popper, in: Studium Generale 23 (1970)

*Scheffczyck, L.*, Stand und Aufgaben der Imago-Dei-Theologie, in: Münchener Theologische Zeitschrift XX (1969)

*Schiffers, N.*, Offenbarung, in: Sacramentum Mundi III, Freiburg i. Br. 1969

*Schlette, H. R.*, Religion ist Privatsache, in: Orientierung 33 (1969)

*Schlier, H.*, Besinnung auf das Neue Testament, Freiburg 1964

*Ders.*, Die Zeit der Kirche, Freiburg i. Br. 1956

*Seckler, M.*, Die Theologie als kirchliche Wissenschaft nach Pius XII. und Paul VI., in: Theologische Quartalsschrift CXLIX (1969)

*Spriano, P.*, Gramsci e l'Ordine Nuovo, Rom 1965

*Texier, J.*, Gramsci teorico delle sovrastutture e il concetto di societá civile, in: Critica Marxista VI (1968)

*Thielicke, H.*, Offenbarung, Vernunft und Existenz. Studien zur Religionsphilosophie Lessings. Gütersloh $^{4}$1957

*Tillard, J. M.*, Das Brot und der Kelch der Versöhnung, in: Concilium I (1967)

*Ders.*, Pénitence et eucharistie, in: La Maison Dieu 90 (1967)

*Topitsch, E.* (Hrsg.)., Logik der Sozialwissenschaften, Köln–Berlin

*Topitsch, E.* (Hrsg.)., Logik der Sozialwissenschaften, Köln–Berlin $^{6}$1970

*Vriezen, Th. C.*, Profecy and Escatology, in: Congress Volume, Copenhagen 1953 (VTS 1), Leiden 1953

*Vriezen, Th. C.*, Theologie des Alten Testaments in Grundzügen, Neukirchen O. J.

*Weiser, A.*, Das Buch Hiob (Das Alte Testament Deutsch), Göttingen $^{4}$1963

*Zimmerli, W.*, Gottes Offenbarung. Gesammelte Aufsätze, München 1963

*Ders.*, Verheißung und Erfüllung, in: Evangelische Theologie 12 (1952/53)

## NAMENREGISTER